백두산에 묻힌 발해를 찾아서

늘 바쁜 아빠를 기다려 준 나의 가족에게
감사와 존경을 전하며…

백두산에 묻힌

화산학으로 풀어 본 발해 멸망의 진실

발해를 찾아서

진재운 지음

산지니

발해의 역사 속에
살아 꿈틀대는 백두산

2006년 6월 14일.

필자가 중국 연변 공안당국에 억류돼 조사를 받기 시작한 지 정확히 5일째 되는 날이다. 당시 필자는 중국에서 〈발해, 백두산에 묻힌 멸망의 진실〉이라는 과학과 역사가 결합된 다큐멘터리 촬영을 진행 중이었다.

필자를 억류하고 있던 공안당국은 경찰이 아니라 우리네 7,80년대 정보부나 안기부의 역할처럼 '안전부'라는 명칭을 가진 정보기관이자 최고 파워 기관이었다.

취재비자 없이 중국에 들어와 취재 활동을 했다는 게 당시 공안당국이 내세우는 억류의 이유였다. 필자는 1천 년 전 백두산 거대 분화를 연구하던 한국과 중국 그리고 일본학자와 공동으로 화산 폭발의 명확한 증거 찾기에 나선 상태였는데, '1천 년 전 백두산이 거대 분화를 일으켰는지?' 그리고 폭발했다면 당시 '발해와 신라, 거란 등 동북아 주변 정세에는 어떤 영향을 미쳤는지?'를 파악하는 것이었다. 당시의 거대 분화를 말하는 문헌이 없는 상황에서 화산학적 접근을 통해 역사적 진실을 재구성하는 작업으로, 여기에는 섣부른 국수주의도 과장된 해석도 필요 없었다. 과학적 해석으로 시작과 끝을 맺고 여기에 일반의 관심을 이끌어 내면 금상첨화였다.

그러나 중국 공안당국의 해석은 달랐다. 이 작업에 발해가 끼어 있으며 발해를 거론하는 것 자체가 중국의 '동북공정'을 해하는 것이 되며 이로 인해 한국과 중국의 우호 관계를 해칠 수밖에 없다는 논리였다.

　정확히 기억에 남는 것은 필자를 조사했던 조선족 수사관과의 '백두산, 장백산' 논쟁이었다. 필자가 촬영의 목적에 대해 백두산이라고 말할라치면 그는 "말조심하라요, 그게 어디 백두산이야 장백산이지, 여기서는 무조건 장백산이라고 말하라..." 반말을 넘어서 억압적인 태도였으며 논쟁이라기보다는 언쟁이었다. 적어도 '백두산'이라는 용어는 중국에서 그리고 조선족, 정확히 말하자면 중국 동포 수사관의 사고에서는 더 이상 허용되지 않았다.

　이후 필자에게는 '국가위해죄'라는 죄명이 내려져 추방령이 떨어졌으며 이 사건에다 과거 중국 환경 문제를 거론한 사례가 덧붙여져 중국 입국도 수년 간 금지됐다. 이 과정에서 논리적인 해명도 강력한 항의도 전혀 필요 없었다.

　'발해'라는 용어 자체가 심각한 정치적인 용어로 변해 있음을 반증하는 사례였으며 그 틈바구니 속에 필자가 끼어 버린 것이다. 가장 민감한 지역에 '백두산'이 위치해 있으면서 그 사이 '발해'는 건드

려서는 안 될 뇌관이었다.

　이런 일련의 취재과정에서 일부 역사가들의 행태는 배타적인 중국 정부의 행태보다 필자를 더 우울하게 했다.

　백두산 화산 폭발이 당시 동북아 정세에 영향을 미쳤을 가능성에 대한 필자의 취재 문의에 '터무니없다', '그렇게 취재하는 것이 역사를 오도하는 것이다' 또는 '역사를 희화화하지 말라' 라는 반응까지 내비쳤다. 여러 이유로 세분화되고 전문화된 학문이 영역 그 자체만을 위한 벽을 치는 듯한 모습은 사실 적잖은 충격이었다.

　이미 화산학적으로 1천 년 전 백두산 폭발은 증명됐으며 그 규모는 당시 전 지구에 영향을 끼쳤을 정도로 거대했다는 것이 확인됐다. 따라서 당시 동북아 주변 정세에 상당한 영향은 불가피할 수밖에 없으며 단지 이를 전하는 문헌, 즉 기록이 발견되지 않았던지 최악의 경우 기록 자체가 없을 뿐이다. 즉 문헌이 없다고 해서 화산의 역사가 부인될 수는 없으며 역사에 미친 충격 또한 외면돼서도 안 된다.

　어쨌든 필자는 이를 증명하기 위해 중국에 이어 일본 아오모리와 센다이, 러시아 캄차카 반도, 몽골 흡스골 그리고 인도네시아 메라피 화산에 대한 촬영에 들어갔다. 그리고 얻은 답은 백두산은 한때 전 지구적 환경에 충격을 가한 거대한 분출이 있었다는 것이다. 단지 그 파괴력의 정도와 정확한 분화 연대는 화산학자와 역사가들의 몫일 것이다.

　엄청난 경비 부담에 자칫 포기할 뻔했지만 이를 뒷받침해 준 〈방송위원회〉와 이를 책으로 나올 수 있도록 도와 준 〈한국언론재단〉 그리고 더욱 깊은 인연을 허락한 출판사 〈산지니〉에게 감사를 드린다. 그리고 다큐멘터리 완성을 끝까지 허락한 KNN 방송국에 깊은 소속감과 함께 감사를 전하고 싶다. 무엇보다 중국에서 억류의 고난에도 굴하지 않고 이후 몽골과 러시아, 인도네시아, 일본 등에서 웅장한 영상을 뽑아내는 데 온몸을 던진 하성창 카메라 감독과 보이지 않는 일꾼이 되어 준 최동훈 조명감독, 그리고 적지 않은 나이에도 현장을 함께 하며 깊은 자문을 아끼지 않았던 부산대 윤성효 교수, 백두산 화산 폭발에 대한 해박한 지식을 아낌없이 나눠줬던 중국 국가지진국의 웨이 하이첸 박사, 그리고 누구보다 앞장서 연구 성과를 내고 이를 필자에게 전해 준 일본 도호쿠대학의 타니쿠치 교수에게도 존경과 감사를 전하고 싶다.

　고구려를 계승한 발해는 오랜 세월 만주벌판을 호령하다 사라진 엄연한 역사다. 그리고 백두산 또한 1천 년 전 거대 분화라는 화산의 역사를 간직한 채 지금의 자리에 우뚝 서 있다. 따라서 두 사건 사이

교집합을 밝히는 것은 역사의 진실을 규명하는 또 다른 열쇠가 될 수 있다.

　단지 기록과 문헌이 없다고 해서 역사가 아니라고 말할 수는 없는 것이다.

2008년 2월

백두산의 향기가 느껴지는 부산 장산 아래에서...

진재운

도호쿠대학 동북아시아연구센터
타니구치 히로미츠 교수

이 책은 진재운 기자가 집필한 조선민족의 성산 '백두산' 에 관한 책입니다. 더욱 많은 사람이 이 책을 읽고 백두산을 새로운 시각으로 이해해 주시길 바라면서 진심으로 추천하는 바입니다.

추천에 즈음하여 저와 백두산과의 관계, 그리고 백두산 연구의 개요와 그의 중요성에 대해 이야기하고 싶습니다.

1998년 여름, 대학교 동료들과 함께 중국측의 백두산에 올라갔습니다. 관광개발이 진척되고 있는 구역을 지나 정상의 천지에 도착하자 모든 사람들이 그 광경에 감동되어 말을 잃어버렸습니다. 그로부터 8년이 지난 2006년 여름에는 북한측 백두산에 올라갔습니다. 그곳에는 푸른 물로 가득 찬 거룩한 천지가 눈앞에 나타났습니다. 10년 동안 백두산의 지질조사를 해왔지만 이토록 아름다운 천지는 처음이었습니다.

조선반도나 중국에 지금도 화산활동을 할 수 있는 활화산이 있다는 것은 일본에는 그다지 알려지지 않았습니다. 하지만 백두산이란 이름은 옛날부터 유명했습니다. 우리 연구그룹이 이 산에 대해서 주목하게 된 것은 화산학을 전공하고 있었다는 이유도 있지만 그 당시 도쿄도립대학의 마치다 히로시 교수님께서 백두산 10세기 거대 분

9

화에 대해 흥미진진한 가설을 제안한 것이 큰 계기가 되었습니다. 10세기 중국 동북부로부터 조선반도를 걸쳐 번영했었던 발해왕국이 926년에 멸망한 것은 백두산 분화가 일으킨 결과가 아닌가라는 것입니다.

일본의 화산지질학자들이 이 가설의 옳고 그름을 확인하기 위하여 연구를 시도하였지만 백두산이 중국과 북한의 국경지대로 현장조사가 곤란한 곳에 위치해 있어 큰 진전은 없었습니다. 우리 연구그룹은 10세기 분화의 실태와 주변 왕조에 영향을 준 부분에 대해 주로 중국의 인문사회 계통의 연구자들과 함께 해명하려고 하였습니다. 그러나 국경지대의 복잡한 정치적 문제와 북한에 의한 핵실험, 미사일 실험 문제도 얽혀 우리의 연구는 실시하기 극히 어려웠습니다. 게다가 2002년에는 백두산의 지진활동, 지각변동이 활발해지고 있는 것이 관측되어 중조양국에서 분화활동의 재개가 걱정되었습니다. 이런 형세하에서 우리는 2006년에 북한으로부터 공동연구의 요청을 받았습니다.

이 요청을 계기로 우리의 연구는 10세기 분화뿐만 아니라 재해경감 쪽으로 연구방향을 크게 변경하게 되었습니다. 왜냐하면 지질조사 결과에 의하면 10세기 분화로 현재 중국 길림성이나 북한 동북부에서 파멸적인 피해를 입었다는 것은 명백한 사실입니다. 그뿐만 아니라 일본 국내에서도 큰 재해가 있었다고 추정되기 때문입니다. 그리고 우리 연구그룹의 위성 화상 해석에 의하면 2004년부터 2005년에 걸쳐 백두산의 화산 폭발을 시사하는 산의 팽창이 확인되었습니다. 만약 백두산에서 분화가 재개할 경우 그 분화규모가 10세기 분화규모만큼 크지 않더라도 현지의 복잡한 정치적 정세로부터 중국과 북한은 물론이고 한국과 일본을 포함한 주변 여러 나라에도 정치, 경제적으로 큰 영향을 미칠 가능성이 있는 것은 확실합니다.

　이러한 이유로 저는 백두산에 대해 중국, 북한, 한국 그리고 일본을 포함한 4개국 간의 공동연구를 진행할 필요성이 있다고 생각합니다. 그 중에서도 10세기 분화와 그 이후의 분화의 추이 그리고 화산분화의 피해상태를 정확하게 파악하는 것이 특히 중요합니다. 물론 지진이나 지각변동 등의 현지관측 그리고 위성관측을 통해서 현상을 정확히 파악하는 것도 중요합니다. 이로부터 이후의 대응책을 다듬어가야 한다고 생각합니다. 저의 이런 생각은 당연한 사실로서 독자 여러분들의 찬동을 얻을 수 있다고 생각합니다. 이 의견에 대해 일본과 중국의 공동연구자는 물론 지금까지 접촉해 온 북한과 한국의 연구자들도 찬동의 뜻을 표시하였습니다. 하지만 매우 유감스럽지만 저의 경험상 그토록 쉽지는 않습니다. 백두산을 포함한 정치적 정세가 공동연구의 실시에 어두움을 드리우고 있기 때문입니다.

　진재운 기자가 집필한 이 책은 백두산 연구의 즐거움과 꿈 그리고 중요성을 이야기해 주고 있습니다. 한국에 이 책을 읽고 이해해 주는 분들이 많이 생긴다면 백두산 연구에 종사하는 저희들한테도 매우 믿음직스러운 일입니다. 만약 백두산에 관한 4개국 공동연구가 여러 분들의 지원에 의해 진척된다면 백두산에 대한 과학적인 이해와 백두산 화산분화에 의한 재해경감에 있어서도 중요할 것입니다. 그뿐만 아니라 4개국을 포함한 동아시아 여러 나라의 상호이해에도 플러스가 될 것입니다. 이 책은 단지 백두산 연구의 소개뿐만 아니라 장래의 동아시아 여러 나라가 서로를 이해함에 있어서도 귀중할 것이라 예견하며 이 책을 추천합니다.

　이 책에서 이야기한 사항은 백두산 연구의 현 단계에서의 생각에 근거하여 기술한 것이며 확정된 것이 아닙니다. 물론 앞으로 해결해야 할 과제도 많으며 이러한 내용을 더욱 정확하게 이해하는 것도 매우 중요합니다. 이 책을 읽은 젊은 독자 여러분들께서 남은 과제에 과감하게 도전할 것을 기대합니다.

고구려발해학회 회장
한규철 교수(경성대 사학과)

　기자의 눈으로 본 백두산 화산 폭발이 발해와 그
유민의 역사에 미친 영향을 상정한 진재운 기자의 『백두산에 묻힌
발해를 찾아서』는 독자들에게 역사와 과학을 생각하게 하는 것으로
서 적극 추천한다. 발해사 연구자로서 추천자는 저자를 만났을 때
아! 저렇게 열심히도 할 수 있구나 하는 도전을 받게 하였다. KNN에
서 〈발해, 백두산에 묻힌 멸망의 진실〉에 관한 방송이 나온 이후로
벌써 두 번째 책을 내놓았다는 점에서도 저자가 얼마나 열정적으로
취재에 임했는가 하는 점을 잘 웅변해 주고 있다고 생각한다.

　고구려가 668년 멸망하고 그 땅 위에 30년 만에 세워진 발해국은
698년부터 926년까지 229년간 존속하였던 왕조였다. 발해국의 건국
에 대해서는 696년 거란 장수 이진충의 반란을 도화선으로 고구려인
들의 부흥운동세력을 중심으로 세워졌다는 점은 기록을 통해서 많
은 사람들이 이해하고 있는 점이다.

　그러나 발해국의 멸망에 대해서는 『요사(遼史)』와 『거란국지(契丹
國志)』 등에 거란의 침략으로 멸망하였다는 점이 분명함에도 불구하
고, 자연과학계에서는 오래전부터 꾸준히 백두산의 화산 폭발설을
제기해 왔다. 언론에 가장 먼저 소개된 것은 일본의 NHK였고 그 이
후 한국에서도 지구상 한반도의 대변화에 대한 기획 방영을 하는 과

정에서 발해 멸망과 백두산 폭발설을 다룬 적이 있었다.

이 책의 저자도 자연과학적 측면에서 백두산의 화산 폭발이 발해 멸망과 관련이 있을 것이라는 가설을 갖고 출발하고 있다. 그러나 다른 화산 폭발설과는 달리 이 책은 발해 멸망의 원인이 화산 폭발 직후가 아니라 멸망 후 어느 정도의 시간이 지나고 난 발해 유민들이 활약하고 있던 시기였음을 제기하고 있다. 바로 이 점이 저자가 이 책에서 보다 정치하게 자연과학자들의 의견을 종합하면서 내린 결론이다.

발해 멸망의 원인에 대하여 역사학자들은 주로 기록에 의존하여 결론을 내릴 수밖에 없는 것이 현실이다. 그럼에도 불구하고 화산 폭발설이 힘을 갖는 것은 자연과학적 근거들이 속속 드러나고 있기 때문이다. 그런 점에서 저자가 정력적으로 논증하려고 한 백두산의 화산 폭발이 미친 역사변동에 관한 내용은 많은 독자들에게 신선함을 주기에 충분하다고 여겨진다.

독자들이 베일에 가려 있는 발해사에 대한 인식의 폭을 넓혀주는 데 기여하리라고 생각하여 이 책을 적극 추천하는 바이다.

| 제3부 | 문명 위에 선 백두산

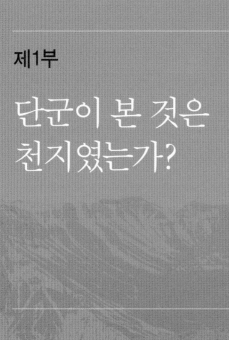

제1부

단군이 본 것은
천지였는가?

天
地

【 그날 천지가 수차례 흔들리기 시작했다. 땅은 갈라지고
기와집 할 것 없이 대부분 다 무너졌다. 이번에는 깔려 죽
은 사람이 넘쳐났다. 그리고 또 며칠 뒤인 한 해가 지난
939년 1월 어느 날! 발해만까지 땅이 갈라질 정도의 강력
한 진동이 온 만주 벌판을 뒤흔들더니 갑자기 백두산 정상
부근이 소름끼치는 굉음을 내며 하늘로 솟구쳤다. 】

천 년 전 백두산 거대 분화와
그 재앙의 재구성

마을 우물에서 갑자기 뜨거운 기운이 솟아오르기 시작했다.
추운 겨울인데도 뜨거운 물이 끓듯이 올라왔지만 물색은 숯을 섞어 넣은
것처럼 재색을 띠고 있어 마실 수가 없었다.

백두산 주변의 땅은 그 옛날부터 백두산에서 뿜어져 나온 화산재
로 어느 곳보다 비옥한 토질을 보였다. 평지에는 보리와 수수뿐 아니
라 아열대 농작물인 쌀이 이 년 삼모작 또는 이모작이 가능해 발해의
국력을 살찌우고 있었고 구릉지에는 나무의 바다를 이루면서 풍족
한 산림과 사냥감 그리고 가축들을 키울 수 있었다. 하지만 1,000여
년 전 겨울 어느 날, 백두산 주변 마을 사람들은 몇 달 전부터 가축들
이 이상한 행동과 함께 일부는 숲 속으로 달아나기도 하고 우리에 갇
힌 놈들은 발작을 하며 쓰러지는 장면을 목격하기 시작했다. 한 번
사냥을 나가면 쉽게 발견되던 사슴 무리도 이미 보름 전부터 어디로
갔는지 보이지 않았다. 네 발 짐승뿐만이 아니라 날개 달린 짐승도
그 울음소리를 들을 수가 없었다.

21

마을 우물에서 갑자기 뜨거운 기운이 솟아오르기 시작했다. 추운 겨울인데도 뜨거운 물이 끓듯이 올라왔지만 물색은 숯을 섞어 넣은 것처럼 재색을 띠고 있어 마실 수가 없었다. 우물만이 아니라 마을을 둘러싸고 있는 샘과 강줄기 모두에서 이 같은 현상이 일어나고 역한 냄새가 코를 찌르기 시작했다. 하지만 영문을 알아차린 사람은 없었다. 그러다 한겨울에 지네와 개미 떼가 마을을 덮쳤다. 닥치는 대로 마을 사람들을 물어뜯었다. 부지깽이와 삽으로 쫓아내려 했지만 잔뜩 독이 오른 지네와 개미 떼를 막을 수 없었다. 어디서 나왔는지 독사 수백여 마리도 마을 곳곳을 헤집고 다니며 사람들을 물어 수십 명이 죽었다. 죽은 마을 사람들이 많아지면서 장례를 치르기도 어렵게 되자 촌장은 공동매장을 하기로 결정했다.

그러나 그날 천지가 수차례 흔들리기 시작했다. 땅은 갈라지고 기와집 할 것 없이 대부분 다 무너졌다. 이번에는 깔려 죽은 사람이 넘쳐났다. 그리고 또 며칠 뒤인 한 해가 지난 939년 1월 어느 날! 발해만까지 땅이 갈라질 정도의 강력한 진동이 온 만주 벌판을 뒤흔들더니 갑자기 백두산 정상 부근이 소름끼치는 굉음을 내며 하늘로 솟구쳤다. 천지를 뚫고 나오는 화산재는 단 수 분 만에 35km 상공인 성층권까지 도달했다. 화산 폭발 순간 튀어나온 화산탄들은 수십km까지 날아가 부딪히는 모든 것을 파괴하는 폭탄이 됐다. 그리고 성층권까지 하늘을 뚫은 화산재 기둥은 잠시 뒤 중력으로 무너지면서 지상으로 화쇄류를 쏟아내기 시작했다.

원뿔 모양의 경사가 급한 백두산에서 쏟아져 내려오는 400~500도의 뜨거운 화쇄류에 반경 50km 이내의 모든 생명체가 도망갈 틈도 없이 숯으로 변했다. 지옥이라고 생각할 여유도 없이 화산 폭발을 눈으로 본 사람들은 몸 속 수분을 모두 뺏기면서 그 자리에서 재로 변해 사라졌다. 반경 100km 이내의 모든 생명체는 폭발의 굉음으로 고막과 뇌가 파열되면서 죽거나 기절해 버렸다. 100개의 대형 로켓이 한꺼번에 터지는 폭발음을 옆에서 듣는 것 자체가 귀를 가진 생명체의 생존을 불가능하게 하기에 충분했다. 설령 살아남았다 해도 그 다음 시속 200~300km로 백두산을 타고 쏟아져 내려오는 화쇄류를 피하기는 불가능했다.

곧이어 백두산 정상 부근에 쌓여 있던 빙하가 폭발의 뜨거운 열기에 순간적으로 녹아내리면서 홍수가 되어 시속 80~150km라는 무서운 속도로 내려오기 시작한다. 이 홍수에는 분출된 화산재가 대량으로 섞이면서 펄펄 끓고 있는 용암 수준이었다. 거대한 산이 떠내려오는 듯 거침없이 하류로 쏟아져 내려가면서 부딪히는 모든 것을 파괴한다. 백두산 산림은 뿌리째 뽑혀 홍수에 쓸려 내려가면서 초토화가 된다. 거대한 홍수 줄기는 100km를 넘게 흘러가도 전혀 그 속도가 줄지를 않고 투우사의 창을 맞은 소처럼 맹렬하게 돌진한다. 본능적으로 안전한 곳으로 피신했던 사슴이며 호랑이, 곰도 화산 홍수에 휩쓸려 뼈조차 남지 않고 떠내려갔다.

화산 홍수가 스친 자리에는 거대한 계곡과 강이 생겨났다. 자그마한 강 주변에 몰려 살던 발해 마을들도 화산 홍수에 휩쓸렸다. 한 마을 전체가 수천 명이 넘었던 고을도, 현도 온전하지를 않았다. 마을이 있었던 자리에는 홍수가 쓸고 온 진흙과 집채만 한 돌, 그리고 뿌리 채 뽑혀 떠내려 온 나무들이 산을 이루고 있었다. 백두산과 멀리 떨어진 고지대에 살면서 가까스로 살아남은 자들은 곧이어 주변이 밤으로 변했음을 알아차린다. 아직 대낮이지만 천지를 분간할 수가 없었다. 그 순간 하늘에서는 함박눈처럼 회색의 화산재가 끊임없이 내리기 시작한다. 눈에 들어가면서 따끔거리는 통증에 눈을 비비는 순간 초가집 기둥이 무너져 내린다. 기와집도 힘없이 주저앉는다. 그러다 두어 시간이 지나자 아예 화산재에 파묻혀 가기 시작한다.

화산재가 내리면서 한겨울 기온이 너무 무덥다며 옷을 벗어던지는 순간 온몸에 붉은 반점이 생기고 벌겋게 익어가는 것을 알아차린다. 하지만 화상으로 인한 통증을 느낄 새도 없이 숨 쉬는 것이 너무 힘들어진다. 폐 속에 너무 많은 화산재가 호흡을 타고 들어오면서 여기저기서 사람들이 쓰러진다. 도망을 가야 한다. 고개를 들자 낯익은 풍경은 찾을 수 없다. 세상천지가 검은 회색빛만 남아 있고 하늘에서는 똑같은 굵기의 회색 가루들이 쏟아지기만 한다. 이미 무릎까지 파묻히면서 사람들은 무력함에 절망한다. 그리고 몇 시간 뒤 마을에는 내리는 화산재 이외에는 아무런 움직임이 없었다.

불을 뿜는 검은 용이 되어 하늘로 솟구친 화산재 구름은 바람을 타고 빠르게 동쪽으로 퍼져 나간다. 백두산 폭발 한 시간 뒤, 폭발의 굉음은 1,000km를 날아가 일본 교토에 도달한다. 그 소리가 하늘에서 거대한 북을 치듯 울려 퍼지자 모두가 불안해하며 신작로로 쏟아져 나왔다. 하늘의 노여움인지 용의 울음소리인지 이틀 동안 영문을 모르는 소리가 하늘에서 계속 울려 퍼지자 두려움에 더 이상 집 밖으로 나다니는 사람조차 없었다. 교토에 있는 한 사가는 이를 '원방(遠方)의 공진(空震)' 이라 기록했다. 그러다 하루 뒤 소리는 멎었다. 그러자 이번에는 서쪽 하늘에서 검은 기운이 쏟아져 들기 시작하더니 한낮인데도 세상은 사방을 분간하기 힘들 정도로 칠흑 같은 어둠이 돼버렸다. 그리고 하늘에서 함박눈이 내리듯 제법 많은 화산재가 이틀

간 마을과 논과 숲을 덮쳤다. 영문을 모르던 사람들은 이것이 하늘이 노한 것이라며 민심이 흉흉해지기 시작했다. 하지만 사람들의 공포는 여기서 끝나지 않았다.

백두산에서 멀리 떨어진 서쪽, 즉 바람의 반대 방향에 있던 마을과 사람들도 그 해 봄, 땅에서 싹이며 꽃이 피지 않는 것을 이상하게 생각하기 시작한다. 겨울옷을 벗을 수가 없을 정도로 날씨는 추웠다. 농작물을 심어야 하는 초여름이 됐지만 곡식은 싹을 틔우지 못했다. 그 해 농사를 지을 수가 없게 된 것이다. 추위와 굶주림이 기약 없이 이어진다. 뜯어 먹을 풀이 부족한 가축들도 쓰러져 간다. 굶어 죽는 자가 넘쳐나고 도적들이 들끓는다. 많은 사람들이 어디로 갈지 알 수 없는 유랑 길에 올랐지만 목적지를 찾지 못하고 길을 잃는다. 그러다 배고픔을 견디지 못한 이리 떼의 습격으로 몰살하는 경우도 생겨났다. 전염병마저 창궐하기 시작하면서 최소 수십만 명이 죽거나 치명적인 피해를 입어 재기 불능의 상태에 빠진다. 엄청난 규모의 폭발을 본 자는 화쇄류에, 폭발의 소리를 들은 자는 화산 홍수인 라하르에 쓸려간 뒤였다.

화산 폭발을 목격하지 못한 사람들은 갑작스레 찾아온 자연재해를 이해할 수가 없었다. 한여름에도 한겨울 옷을 벗을 수가 없었다. 모두가 따뜻한 남쪽을 희망했지만 그곳은 화산 홍수로 이미 길이 끊겼다. 풀이 돋아나는 서쪽으로 긴 유랑 길에 올라야 했다. 동해바다 건너 일본도 농작물이 잘 자라지 않는데다 냉해를 입기 시작한다. 병충해도 기승을 부리면서 수확이라고 할 만한 양조차 얻지 못하자 농민들은 자포자기의 심정으로 변했다. 일본 역사상 가장 평온한 시기 즉 헤이안(平安)시대였지만 흉흉해진 민심은 무사들의 욕구와 뒤섞여 천경(天慶)의 난으로 혼란스러워진다.

이때부터 부석의 사막으로 변한 백두산 동쪽으로는 누구도 들어올 생각도 않는 잊혀진 땅으로 변했다. 남쪽과 서쪽, 북쪽 주변 200km도 사람들이 죽고 떠나면서 남은 것은 화산 홍수에 떠내려 온 화산재와 불에 타 숯으로 변한 아름드리나무뿐이었다.

발해 멸망 직후부터 거란을 위협하며 활발하게 전개되는 발해 부흥운동은 백두산 폭발과 함께 근거지를 서쪽으로 옮기면서 세력이 크게 약해져 갔다. 국력의 밑바탕인 백성들이 흩어져 버렸다. 뿔뿔이 백두산 재해를 피해 흩어진 백성들은 나라를 다시 세워야 한다는 사명감보다는 수년이 흘러도 백두산 화산 폭발의 충격을 달랠 수가 없다. 천둥이 칠라치면 악몽을 꾸듯 소스라치게 놀라 집 안으로 도망가는 자가 한둘이 아니었다. 백성들을 먹여 살려야 하는 농작물은 이후 10년 가까이 수확조차 할 수 없는 상황에 이르게 됐다. 백성을 먹여 살리는 식량이 없고 사람도 없고, 부흥운동은 오랜 세월 큰 구심력을 가지지 못한 채 백두산 서쪽에서 흔들리고 있었다.

해동성국, 발해제국의
시작과 끝

홀한성이 거란군에게 포위된 지 5일째인 서기 926년 1월 21일,
홀한성의 큰 문이 열리더니 발해의 마지막 황제인 대인선은 하얀 소복을 입고 나섰다. 그
앞으로는 어린 양 한 마리를 앞세우고 있었다.

고구려 멸망 후 30년, 고려별종(高麗別種) 즉 고구려 장수였던 걸
걸중상은 그 가족들과 함께 요서 지역인 영주 일대에 끌려와 살고 있
었다. 서기 696년 5월경 거란인 이진충의 반란을 틈탄 대조영은 고
구려 유민과 말갈 걸사비우 무리와 합쳐 동쪽으로 탈출을 시도한다.
영주를 떠나 동쪽 180리의 연군성을 지나 요수를 건넌 걸걸중상이 1
차로 정착한 곳은 옛 고구려 땅이었던 요동 지역이었다.

반란을 일으킨 이진충이 같은 해 9월 죽자 당나라는 걸사비우와
걸걸중상을 회유하기 위해 허국공과 진국공이라는 직책을 각각 책
봉한다. 하지만 걸사비우가 당의 제의를 거절하자 당나라 여황제인
측천무후는 이해고에게 토벌을 명한다. 이해고는 이진충과 손만영
의 휘하에서 많은 공을 세운 장수였지만 손만영이 사망하면서 당나

라에 투항했다. 그가 진압군 책임자로 기용된 것은 고구려 유민과 말갈족의 사정과 북방의 지리에 정통했기 때문인 듯하다.

이해고는 697년 겨울이 가까워 올 무렵 먼저 걸사비우를 죽이는데 성공하지만 뒤이어 고구려 군대로부터 결정적인 패배를 당한다.

걸걸중상이 병으로 사망한 뒤 고구려 집단을 이끌던 대조영은 처음에 이해고와의 싸움에서 패하자 패잔병을 이끌고 천문령 동쪽으로 달아난다. 그러나 이해고가 여세를 몰아 천문령을 넘어 계속 공격해 오자 2차 전투에서 고구려 유민과 말갈 걸사비우의 남은 무리를 병합하여 이해고를 격퇴시킨다. 당나라의 기록은 이해고가 홀로 살아 돌아왔다고 씌어져 있다.

이후 대조영은 무리를 이끌고 다시 동쪽으로 이동하여 태백산의 동북 읍루의 옛 땅을 차지하고 동모산에 성을 쌓고 이곳에 거주하였

● 발해 건국 기록이 실려 있는 『삼국유사』 원본.
대조영은 남은 유민들을 한데 모아 태백산 밑을 의지 삼아 나라 이름을 발해라 하였다. 『신라고기』와 『제왕운기』 「동명왕편」에도 "고구려의 옛 장수 대조영은 남은 군사를 모아 태백산 남쪽에서 나라를 세우고 발해라고 했다" 라고 기술되어 있다. (자료협조: 화봉책박물관)

● 천문령을 넘어 동모산으로 이동하는 발해군.
대조영은 뛰어난 용병술로 이해고의 당나라 토벌군을 물리친다. 고구려 유민들은 고구려 패망 후 30년간 떠돌다 드디어 발해국의 건국을 현실화시킨다. 처음 정착한 동모산은 백두산 북쪽으로 300여 리 되는 지점에 자리 잡고 있는데 사방이 험준한 산맥으로 둘러싸여 있다. 나라를 건국한다는 소식을 전해 들은 옛 고구려 유민들이 속속 모여들면서 당나라군의 침공을 막기 위한 방어막이 구축된다. 사진은 몽골 초원에서 500명의 몽골 육군 기병으로 연출한 다큐멘터리의 한 장면.

다. 이후 대조영이 용맹스럽고 용병을 잘하자 말갈의 무리와 고구려 유민들이 점점 귀속해 온다. 그리고 대조영은 698년 나라를 세우고 진국왕이라 칭하기에 이른다.

이후 발해는 고왕과 무왕, 문왕 시기를 거치는 동안 동으로는 포시에트 만의 크라스키노 지역을 넘어 시호테알린 산맥과 우수리 강까지 이르렀고, 서북으로는 거란과 이웃하였으며, 서남으로는 옛 고구

려 지역인 요동을 확보하고 요하를 경계로 당과 국경을 맞대었다. 남
쪽으로는 원산만의 니하를 사이에 두고 신라와 경계를 지었으며 북
으로는 말갈 제족을 넘어 흑수말갈을 통치권역으로 하는 광대한 강
역권을 확보하였다. 서울대 국사학과 송기호 교수는 "229년간 이어
온 발해 왕조의 영토는 고구려 영토보다 약 1.5배, 통일신라보다 3~4
배나 된다"고 밝혔다.

서기 732년 9월은 우리 민족사에 또 다른 사건이 있었던 해다. 바
로 발해가 당나라 수군의 최대 군사 거점이었던 산동 반도의 등주를
공격했던 것이다. 소위 우리 민족 최초로 선제공격으로 다른 나라의
영토를 침범한 것이다. 발해의 장문휴가 이끄는 수군은 바다 건너 등
주를 습격하여 등주자사를 죽였다. 당나라는 발해를 배신하고 귀순
한 대문예를 토벌 대장으로 신라와 함께 발해 군대를 협공 작전으로
공격했지만 추운 날씨 등으로 절반 이상의 군사를 잃는 참담한 패배
를 맛본다.

이처럼 고구려의 문화를 계승한 발해는 '해동성국'을 이루면서
그 국세를 떨치게 된다.

그리고 건국 229년 만인 서기 926년 1월!

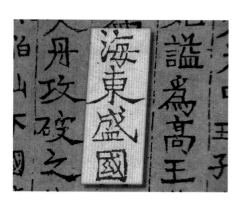

● 해동성국은 문자 그대로 '바다 동
쪽에 있는 강성한 나라'가 된다. 즉
중국의 입장에서 보면 발해는 동쪽에
위치해 있는 강국이라는 의미다. 발
해 건국 이후 국력이 신장되면서 연
해주와 만주 대부분의 지역을 차지하
면서 동북아의 강자로 군림한다.

● 목원대 사학과 서영교 교수는 "칭기즈칸의 몽골 기병이 세계를 지배할 수 있었던 것은 기마 실력이 큰 몫을 차지했으며 몽골군의 기마 실력은 거란인들로부터 전수됐다"는 논문을 발표했다. 이처럼 거란의 기마부대는 민첩성을 생명으로 하며 단 6일 만에 600km의 거리를 주파해 발해 수도를 포위해 공격할 만큼 기습전에 능수능란했다.

살을 에는 듯한 추위에도 아랑곳없이 거란은 15만의 병력을 발해의 군사 요충지인 부여성에 집결시킨 뒤 3일 만에 함락에 성공한다. 이후 부여성을 함락시킨 거란군은 여세를 몰아 발해 수도인 홀한성(지금의 상경성)으로 진격을 시도한다. 무서운 속도로 600km에 달하는 거리를 단 6일 만에 돌파한 거란의 기마병은 수도인 홀한성을 단숨에 넘을 태세로 성을 겹겹이 포위하기 시작한다. 당시 발해왕인 대인선은 노상에게 군사를 내주며 홀한성의 방어를 명하지만 노상의 3만 주력 수비군은 거란군의 기습 전술에 패하고 만다. 그리고 3일 뒤 아침 대인선은 거란에게 항복을 구한다. 홀한성이 거란군에게 포위된 지 5일째인 서기 926년 1월 21일, 홀한성의 큰 문이 열리더니 발해의 마지막 황제인 대인선은 하얀 소복을 입고 나섰다. 그 앞으로는 어린 양 한 마리를 앞세우고 있었다.

이때가 발해 마지막 황제이자 15대인 대인선이 재위에 오른 지 20

년 만의 일이다. 거란의 역사서인 『요사』 「야율우지전」에는 "거란의
태조가 그 갈린 마음을 틈타 움직이니 싸우지 않고 이겼다"라고 기
록되어 있다. 발해의 멸망 원인이 내분인지 아니면 또 다른 어떤 요
인에선지 건국 229년 만인 이 해가 발해의 공식 멸망으로 기록되어
있다.

● 거란의 15만 대군에 포위당한 발해왕 대인선은 마지막까지 항전을 결심하지만 노상의 3만
수비군이 무너지면서 결국 항복하고 만다. 이에 대해 많은 학자들이 대인선의 무능과 실정에
대한 논문을 쏟아냈다. 그러나 대인선은 항복 이후에도 아들 대광현에게 항쟁을 명하는 등 지
속적으로 거란의 지배를 벗어나기 위한 저항 의지를 굽히지 않은 것으로 밝혀지고 있다.

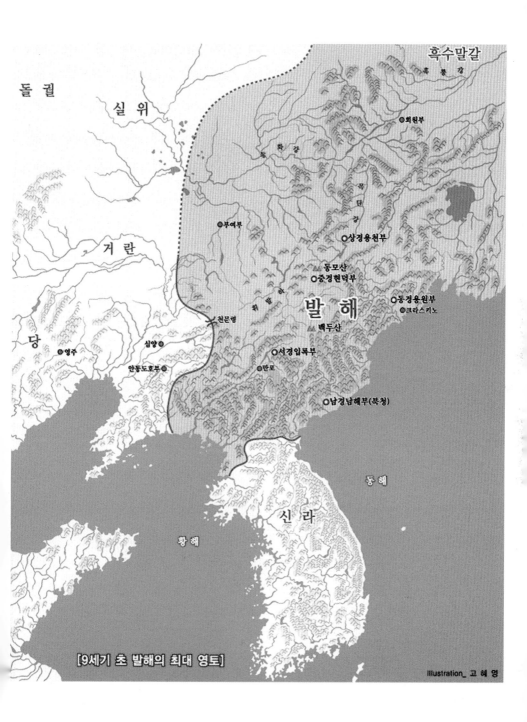

실위

흑수말갈

흑룡강

거란

회원부

송화강

목단강

부여부

상경용천부

동모산
중경현덕부

당

영주

심양

안동도호부

천문령

휘발하

발해

백두산

동경용원부
크라스키노

서경압록부

압록강

만포

남경남해부(북청)

동해

황해

신라

[9세기 초 발해의 최대 영토]

Illustration_ 고 혜 영

33

단군이 본 것은
천지(天池)였는가?

봉우리를 휘감는 짙은 안개가 어느 순간
바람처럼 하늘로 솟구쳐 사라지면 천길 낭떠러지 아래에는 눈이 시려워
쳐다볼 수 없을 정도로 파란 하늘의 연못 천지가 나타난다.

중국 주석을 지낸 장쩌민은 백두산에 3번을 올랐지만 단 한 번도 천지를 보지 못했었다. 백두산 정상의 날씨는 그만큼 바람이 만들어 내는 안개와 비로 천지를 좀처럼 내보이지 않는다.

필자는 지금까지 백두산을 네 차례 올랐는데 참으로 운이 좋은지 세 번이나 하늘의 연못이라 불리는 천지의 속살을 내려다 봤으며 한 번은 천지 물에 세수를 할 기회도 가졌었다.

둘레만 14km에 달하는 거대한 산정 호수인 천지는 한때 괴물이 산다는 소문이 날 정도로 신비감과 자연의 장엄함을 느끼기에 충분 했다. 일본 아오모리 화산 지대와 캄차카 그리고 인도네시아의 여러 화산 산정 호수를 촬영했었지만 백두산 천지만큼 웅장함과 섬세함을 동시에 지닌 호수는 없었던 것 같다. 그것은 천지를 병풍처럼 둘

● 원추 또는 고깔모자 모형의 성층화산(strato volcano).
러시아 캄차카에 있는 화산으로 앞쪽으로 연기가 나오는 곳이 아반친스키(2741m) 화산이며
뒤쪽에 눈이 쌓여 있는 산이 카략스키 화산(3546m)이다. 오래전 백두산은 카략스키 화산처럼
전형적으로 고깔 모양의 경사도가 급한 화산이었으나 5,000년 전 한 차례 큰 화산 폭발이 일어
나면서 아반친스키 화산과 같이 정상 부위가 날아가 버렸을 것으로 추정된다. 그리고 그 뒤
1,000여 년 전 또 한 차례 폭발이 일어나면서 정상 1,000m가 사라져 버리면서 천지가 탄생했
다. 백두산은 이 두 화산 폭발의 과정을 거치면서 최종적으로 엄청난 분출물이 쏟아져 나오면
서 경사도가 급속히 완만해지는 순상화산(shield volcano) 즉 방패를 뒤집어 놓은 것 같은 모양
으로 변했다. (이 사진을 촬영하기 위해서 30인승의 대형 군용 헬기가 동원됐다.)

● 9월 북한 쪽에서 바라본 천지 호반.

하늘의 우물 또는 하늘의 거울이라 불리는 천지를 이처럼 맑게 볼 수 있는 날은 1년 중 여름과 가을에 걸쳐 단 수십여 일에 불과하다. 천지에 갇힌 물은 20억 톤이 넘고 대부분 지하수와 빗물로 이루어진다. 사면이 16개의 봉우리에 막혀 있으며 유일하게 물이 흘러 나가는 곳은 맞은편 우측 천문봉과 좌측 용문봉 사이의 달문으로 이곳을 통해 장백폭포가 되어 송화강으로 흘러간다. 사진은 백두산에서 가장 높은 장군봉 중턱이며 앞에 보이는 것은 비루봉이다. (사진제공: 일본 도호쿠대학 타니쿠치 교수)

러싼 16개 봉우리와의 절묘한 어울림 때문일 것이다.

봉우리를 휘감는 짙은 안개가 어느 순간 바람처럼 하늘로 솟구쳐 사라지면 천길 낭떠러지 아래에는 눈이 시려워 쳐다볼 수 없을 정도로 파란 하늘의 연못 천지가 나타난다. 마치 하늘에서 두레박이 내려올 듯한 착각에 빠지기도 한다. 투명한 물길은 수면에서 14m 안까지 볼 수 있고 깊이만 373m(북한 384m)에 이르는 세계에서 가장 깊은 산정 호수다. 여기에 담겨 있는 물은 20억 톤이 넘는데 초당 1톤씩 퍼내도 무려 60년을 퍼내야 하는 양이다. 천지의 물은 달문을 통해 송화강과 흑룡강으로 이어지다 오오츠크 해로 흘러간다.

백두산은 단군신화에서부터 등장한다. 『제왕운기』는 '환인의 아들 환웅이 태백산(백두산) 신단수 아래로 무리 3,000명을 이끌고 내려와 신시를 세워 나라를 다스리다 곰에서 여인으로 환생한 웅녀와

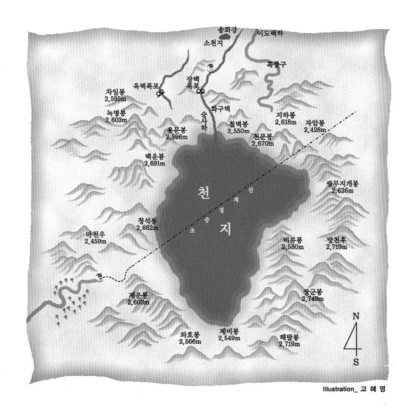

Illustration_ 고 혜 영

의 결합으로 단군의 탄생'을 기록한다. 이후 백두산은 한민족의 영산이며 천지는 하늘에 제를 올리는 곳으로 등장한다. 만주족의 시조 탄생 설화도 역시 천지에 있다. 하지만 신화에 등장하는 천지는 지금의 천지와는 조금 다른 조심스런 접근이 필요할 듯하다.

필자는 지난 2006년 6월 초 중국 국가지진국 선임연구원인 웨이 하이첸 박사와 함께 천지를 답사했다. 웨이 박사는 중국 최고의 화산 전문가로 백두산 화산 폭발의 역사와 재폭발에 대한 연구에 몰두하고 있었다. 웨이 박사의 백두산 설명은 지금까지 알고 들었던 것과는 많이 달랐다.

'불과 1,000년 전만 해도 백두산의 높이는 지금과는 전혀 다른 경사도가 급한 원뿔과 같은 형태였다. 해발고도 3,500m에 달했던 백두산은 지난 5,000년 전 1차 거대 분화를 일으키면서 산 정상이 움푹 패였다. 그리고 지금으로부터 1,000년 전쯤 인류의 역사시대 이래 가장 큰 화산 폭발이 백두산에서 일어나면서 산 정상이 땅 속에서 올라온 마그마의 압력을 못 이겨 하늘로 솟아올랐다. 이 과정에서 산

● **백두산 천문봉 정상(2670m).** 노란색은 5,000년 전 화산 폭발 때 쌓인 부석층이다. 그리고 중간 중간 까만색 돌들은 1,000년 전 분출 때 나왔다. 위로 뛰어가는 사람의 모습이 자그맣게 보일 정도로 백두산 부석층의 높이는 이곳에서 80m에 달해 화산 폭발의 규모를 짐작하게 해 준다. 부석은 공기 구멍이 많아 물에 뜨지만 결합력은 높아 이렇게 쌓여 있어도 무너지지 않는다. 희게 보이는 부분은 눈이 내려 쌓인 것이다.

정상 부위가 움푹 패이면서 지금의 천지가 생겨난 것이다. 이 때문에 백두산의 높이는 1,000m 이상 깎이면서 해발 2,744m로 낮아져 버렸다. 더욱이 천지 수면은 이보다 훨씬 더 낮은 2,115m(북한 2,194m)다. 천지를 기준으로 보면 백두산은 화산 폭발로 무려 1,500m가량이 낮아진 것이다. 그리고 천지를 싸고 있는 연봉들은 천지를 시작으로 그 높이가 558m에 달한다.'

웨이 박사의 이런 천지 생성에 대한 증거는 백두산 천지 주변 연봉들에 쌓여 있는 부석층에 고스란히 남아 있다. 부석은 마그마가 대기 중으로 폭발적으로 터져 나갈 때 휘발성 성분이 빠져 나가면서 무수한 구멍이 생긴다. 이로 인해 같은 돌이지만 비중이 가벼워 물에 뜬다. 백두산 정상의 연봉들을 자세히 보면 대부분 노란색과 그 위로 까만색의 돌들로 이루어져 있다. 이 돌은 물에 담그면 뜬다. 노란색은 지금으로부터 5,000년 전 백두산이 화산 폭발을 일으키면서 마그마와 함께 나와 쌓였으며 까만색은 지금으로부터 1,000년 전쯤 백두산의 거대 폭발로 쌓인 것이다. 이 두 색깔의 각기 다른 부석층의 높이만 수백m에 달하는 것도 있어 당시 백두산 화산 폭발이 얼마나 큰 규모였는지를 짐작하게 해 준다.

이처럼 백두산 천지의 생성 연대는 지금까지 알려져 왔던 것과는 달리 불과 1,000년 전쯤 지금의 모습을 갖췄다는 것이 과학적 분석을 통해 증명되고 있다.

'백 장수 전설'로 본 천지

조신족의 천지 생성의 전실인 '백 장수 전실'을 보면 1,000

년 전 천지의 탄생에 얽힌 화산 폭발을 엿볼 수 있다.

 백두산 주변은 늘 풍부한 물과 옥토로 농작물이 잘 자라 기름진 땅으로 부족함이 없었다. 하지만 어느 날 '웅 웅'거리며 바람을 휘감는 소리와 함께 사나운 흑룡이 나타나면서 땅은 갈라지고 곡식은 메말라 사람들이 살 수 없는 땅으로 변하기 시작했다. 백두산 부근에는 한 작은 나라가 있었는데 그 임금에게는 아리땁고 총명한 공주가 있었다. 많은 왕자들이 사람을 보내 다투어 구혼을 했지만 공주는 흑룡을 물리치는 사람에게 몸을 맡기겠다고 말했다.

 이때 백두산 주변에 사는 백성 중에 성이 백가인 장수가 있었다. 백장수는 백성을 위해 말라 갈라진 땅에서 부지런히 물줄기를 찾아 나섰으나 흑룡의 장난으로 샘터가 금방 돌산으로 변하는 것을 보고 울분을 참으며 탄식을 하고 있었다. 이때 백 장수 앞에 공주가 나타나 옥장천의 물을 백 일간 마시면 흑룡을 물리칠 수 있는 힘이 솟는다 하고는 그를 옥장천으로 데려갔다. 공주가 사라진 뒤 백 장수는 석 달 열흘 간 옥장천의 물을 계속 마셨고 엄청난 힘을 갖게 되었다.

 공주가 다시 나타나 둘은 백두산으로 올라갔다. 백 장수는 삽으로 땅을 파서 한 삽씩 던졌는데 이것이 백두산의 열여섯 봉우리가 되었다. 또 파헤친 땅바닥에서는 지하수가 강물처럼 솟아올랐다. 하지만 갑자기 백두산에서 흑룡이 다시 나타나 백 장수는 손 쓸 사이도 없이 흑룡의 불칼을 가슴에 맞고 쓰러진다. 다시 백 일간 옥장천의 물을 마셔 기력을 회복하고 땅 파기를 마칠 무렵 또 흑룡이 나타났다. 그러나 백 장수는 공주의 도움으로 흑룡의 불칼을 땅에 떨어뜨릴 수 있었다. 불칼은 백두산 북쪽 언덕에 떨어졌고 이곳이 물길이 되어 천지의 물은 북쪽으로 흐르게 되었다. 불칼을 잃은 흑룡은 동해로 달아났다. 이후 백두산 지역은 천지에서 솟아나는 물로 옥토가 되면서 사람들이 다시 모여와 살게 되었으며 백 장수와 공주는 천지 속에 수정궁을 짓고 살면서 흑룡의 장난을 물리쳤다.

고려대 국문과 유영대 교수는 이 전설의 의미를 화산 폭발과 연결지었다. 무엇보다 하늘로 솟구치는 검은 화산재 구름과 용암의 모습은 검은 용이 하늘과 구름을 휘저으며 날아다니는 모습을 닮았다. '웅 웅' 소리는 화산 분화 때 나오는 열풍을 의미한다. 그리고 샘이 눈 깜짝할 사이에 돌산으로 변하는 것은 하천이 분화에 분출된 용암과 바위로 바뀌었음을 말한다. 지하수가 강처럼 흘러나왔다

● 백두산 흑룡전설 1.
백두산 화산 폭발을 흑룡으로 묘사한 삽화로서 화산 폭발에 대한 기초 지식이 없었던 예전 사람들은 이것이 하늘의 징벌 내지는 알 수 없는 파괴적인 힘이라 믿었을 것이다. 특히 화산 폭발에서 분출돼 나오는 용암과 검은 화산재가 하늘로 치솟는 모습은 검은 용이 용트림하듯 치솟는 모습과 흡사하다. 백두산 주변은 오랜 세월 전부터 화산재가 빚어낸 비옥한 토양으로 농사와 사냥이 잘돼 사람들이 많이 몰려 살던 곳이었다. 이런 곳에서 화산은 하늘의 재앙 그 자체였다.

는 것은 화산 홍수가 발생했다는 것이며 흑룡이 불칼을 북쪽에 떨어뜨린 것은 백두산 북쪽 기슭에서의 분화로, 천지의 물이 북쪽으로 흐르게 되면서 장백폭포가 만들어졌음을 의미한다. 그리고 흑룡이 동해로 간 것은 많은 화산재들이 바람을 타고 동쪽으로 건너갔음을 말한다.

백 장수 전설은 화산 폭발로 만들어진 천지의 탄생에 관한 전설이다. 화산 폭발과 함께 심각한 자연재해로 사람들이 떠나면서 백두산 주변이 사람들이 살 수 없는 지역으로 변했음을 말한다. 바로 흑룡 그 자체가 백두산 화산 폭발에 대한 두려움과 경외심을 입으로 전한 기록일 수 있다.

이런 견해라면 백두산 천지는 단군왕검의 전설 속에서 등장하기는 힘들 것으로 보인다. 고조선과 고구려는 너무 높은 백두산을 쳐다보았을 뿐 지금의 천지는 아직 탄생조차 하지 않았다.

● 백두산 흑룡전설 2.
백두산에 얽힌 조선족 전설인 '백 장수 전설'은 화산 폭발시 관찰할 수 있는 분출의 모습과 흡사하다. 고려대 국문과 유영대 교수는 "백두산 전설은 문헌이 기술하지 못한 또 다른 역사서로 여기에 입으로 전해지는 과정에서 화자의 상상력이 보태졌을 뿐 큰 줄거리는 유지된다"고 주장했다. 따라서 백두산 '백 장수 전설'은 1,000년 전 백두산 화산 폭발의 화산학적 사실을 전해주고 있는 것에 가깝다고 할 수 있다. (일러스트레이션: 고혜민)

제2부

북반구를 뒤흔든
백두산 대분화

大
噴
火

【 얼음으로 꽁꽁 언 천지 위로 눈이 하얗게 쌓여 있다. 천
지 주변으로 백두산 화산 폭발 때 분출물들이 흘러간 흔적
인 깊은 계곡들이 사방으로 나 있는 것을 볼 수 있다. 하늘
에서 본 천지는 화산 분출 때 산 정상 부위가 공중으로 날
아가면서 그 부분이 함몰되어 생겨났다. 분출물들은 화산
재의 형태로 공중으로 사라진 것도 있지만 상당량은 고깔
모양이던 급경사의 백두산 경사면에 쌓여 내면서 완만한
산으로 만들었다. 】

과학으로 부활한
천 년 전 백두산 대분화

백두산은 지금으로부터 대략 1,000년 전쯤
거대 분화를 일으키면서 백두산 주변을 황폐화시키고
그 화산재가 일본 동북부까지 뒤덮었다

백두산은 과연 1,000년 전에 폭발했을까? 폭발했다면 그 규모는
어느 정도였으며 당시 주변 동아시아 정세에는 어떤 영향을 미쳤을
것인가?

이 세 가지 의문 가운데 1천 년 전 화산 폭발과 그 규모는 이미 세
계적 화산학자들을 중심으로 어느 정도 답을 얻은 상태다. 그러나 세
번째 화산 폭발이 주변 정세에 끼쳤을 영향은 아직 속 시원히 풀려
답을 낸 것은 없다.

백두산 화산재가 일본을 뒤덮다

지난 2006년 8월 필자는 일본 동북부 지방인 아오모리 현에

서 히로사키대학 지구환경과학부의 마사토시 시바 교수의 특별한 안내를 받았다. 그가 안내한 곳은 일본의 10세기 헤이안(平安)시대 유적지 발굴 현장이었다. 역사학이나 고고학자가 아닌 유물 발굴터 에 서 있는 자연과학자의 모습이 조금은 어색해 보였지만 시바 교수 의 발굴은 유물이 아니라 유물과 같은 지점에 묻혀 있는 화산재였다.

30cm가량의 땅을 파헤치자 토기 등의 당시 유물과 함께 비교적 밝 은 띠의 흙이 나왔다. 2~3cm 두께의 그 띠는 아래 위 흙과는 색깔이 확연히 차이가 났다. 시바 교수는 이 흙이 화산이 분화하면서 나온 분출물로 일본 화산에서는 발견되지 않은 것이라 했다. 즉 아오모리 에서 1,000km 떨어진 백두산 화산에서 날아와 쌓인 백두산 화산재

● 일본 아오모리 현의 한 과수원에 있는 10세기 헤이안시대 주거 유적지.
깊이 20~40cm가량에서 그 시대 주거지 유물들이 대량 발굴되고 있다. 사진에서 검은색 흙 밑 에 노란색처럼 밝은 부분이 백두산에서 날아온 부석층으로 B-Tm이라 불린다. 화산재의 성분 이 일본 화산재에서는 발견되지 않은 알칼리 성분의 규장질의 유리며 미세한 가루의 형태로 이 지점에서는 대략 2~3cm가량 쌓여 있다.

|제2부●북반구를 뒤흔든 백두산 대분화|

● 광학 전자현미경으로 B-Tm을 분석 중인 마사토시 시바 교수.
시바 교수는 "화산재 속에는 화산유리가 포함되어 있으며 이 화산유리의 모양새가 둥글고 미세할수록 화산 폭발의 규모가 크다는 것을 의미한다"고 주장했다. 즉 폭발이 거대할수록 마그마의 압력이 높아 기포로 인해 깨진 면이 둥글게 변하며 유리성분이 더욱 미세하게 부서진다는 것이다. 사진에서 우측 화면에 있는 것이 유리성분을 광학 현미경으로 확대한 화면으로 면이 둥근 것을 볼 수 있다.

인 것이다. 이 흙을 손으로 비벼보면 밀가루와 같은 고운 느낌에다 유리와 같은 섬세한 알갱이들이 드러난다. 시바 교수의 이 같은 주장은 25년 전인 1981년으로 거슬러 올라간다.

당시 동경도립대의 마치다 히로시 교수는 아오모리와 홋가이도에서 일본 화산재와는 전혀 다른 화산재를 발견하고는 이를 'B-Tm ash' 라 이름 지었다. 이때 'B' 는 Bakdushan 즉 백두산을, 'Tm' 은 이 화산재를 처음 발견한 일본 홋가이도의 Tomakomai 라는 지명을 뜻하는 것으로 '백두산에서 날아온 화산재가 토마코마이에서 발견됐다' 로 보면 된다. 일본학자가 중국 지명이 아닌 한국인들이 사용하는 이름인 백두산의 'B' 를 사용한 것이 특이하다. 어쨌든 일본 북동부에 집중적으로 분포되어 있는 B-Tm은 백두산이 있는 서쪽으로 갈수록 그 쌓인 두께가 두꺼워진다.

필자도 아오모리의 야산과 평야 발굴 터 등 모두 8곳에 달하는 지점을 파 보았는데 대략 2cm에서 많게는 5cm에 달하는 B-Tm이 쌓여 있는 것을 목격할 수 있었다. 도쿄 일본 지질조사소 켄 이케하라 박사는 북한 해역을 포함한 동해 15곳에 대한 시추 작업을 진행했다. 그때 캐낸 동해 퇴적층은 대략 50cm에 달하는데 그 상층에는 대략 5~16cm의 B-Tm이 층을 이루면서 쌓여 있다. 특히 백두산이 있는 서쪽으로 갈수록 더 두껍다. 이것은 백두산 화산이 폭발하면서 하늘로 올라간 화산재가 바람을 타고 확산되면서 가까운 동해에는 많은 양이 떨어져 쌓였고 동쪽으로 갈수록 점점 더 옅어졌다는 것을 의미한다.

　　하지만 필자는 얼마나 큰 폭발로 많은 화산재가 분출되었기에

● B-Tm이 처음 발견된 토마코마이 호수에서 다큐멘터리 제작팀과 인터뷰 중인 동경도립대 마치다 히로시 교수. 마치다 교수는 처음으로 B-Tm이라는 용어를 학계에 보고했다. 그리고 1990년 「백두산 화산 폭발과 그 환경적 영향」이란 논문을 통해 발해의 멸망이 백두산 화산 폭발 때문일 것이라는 가설을 내놓았다. 하지만 마치다 교수는 2006년 여름 필자와의 만남에서 백두산 화산의 대폭발은 분명 화산학적 역사이지만 발해의 직접적인 멸망의 요인보다는 주변 정세에 다양한 충격을 주었을 것이라며 이 부분에 대한 연구가 체계적으로 이뤄져야 함을 강조했다.

● 지표면 20cm가량 아래에는 사진에서 보는 것처럼 동전 높이의 B-Tm을 볼 수 있다. 이 화산재는 일본의 홋가이도와 아오모리 대부분의 지역에서 발견되고 있는데 긴 띠를 이루며 선명한 모습이다. 1,000km를 날아와 쌓인 양이 1,000년 이후에도 이 정도였다면 당시 일본 지역에서 심각한 자연재해를 불러올 수 있는 규모다.

1,000km가 넘게 떨어진 일본 열도까지 날아와 그것도 수cm까지 쌓여 1,000년이 지난 지금까지도 발견되고 있는지 쉽게 이해하기 힘들었다. 말하자면 폭발의 규모가 엄청났다는 상상을 하기에 충분한 대목인 것이다. 일본 도호쿠대학의 동북아시아연구센터 타니쿠치 히로미츠 교수는 일본 동북부 열도 곳곳에 흔적이 남아 있는 이 화산재가 대략 10,000년으로 잡은 인류 역사상 가장 거대한 화산 분화의 결과물이라고 결론을 내렸다. 즉 백두산은 지금으로부터 대략 1,000년 전쯤 거대 분화를 일으키면서 백두산 주변을 황폐화시키고 그 화산재가 일본 동북부까지 뒤덮었다는 것이다. 타니쿠치 교수는 1,000년이 지난 지금도 일본 열도에 두껍게는 10cm가량 쌓여 있다는 것은 그 당시 얼마나 많은 양이 일본 하늘로 날아왔는지를 보여주는 명백한 증거라고

강조했다.

타니쿠치 교수는 이
를 위해 지난 2000년 일
본 도호쿠대학과 홋가
이도대학 그리고 중국
의 연변대학과 길림대
학 등에 소속된 화산학
자와 사회과학자, 환경
공학자 등 13명의 교수
진으로 구성된 '백두산

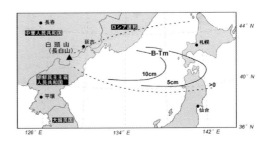

● 일본 도호쿠대학 동북아연구센터에서 작성한 백두산
천년 대분화 화산재 확산도. 이 그래픽대로라면 백두산
에서 분화한 화산은 북한의 량강도와 러시아 연해주 그
리고 동해를 거쳐 일본 북부 지역으로 확산되고 있다.
동해바다 바닥까지 시추한 결과 B-Tm은 백두산에 가까
워 올수록 더 두껍게 쌓여 있었으며 최고 16cm에 달한
곳도 있었다.

10세기 거대 분화 연구'에 들어갔다. 4년 동안 진행된 조사에서 10
세기 백두산의 거대 화산 폭발은 화산학적 진실이라는 명백한 결론
을 도출했다고 밝혔다.

타니쿠치 교수팀이 말하는 백두산 거대 분화의 증거는 간단하면
서도 명백하다. 바로 10세기 분출물로 확인된 부석(浮石)층의 높이
다. 이도백하에서 차량으로 30여 분을 오르면 천지의 문턱 바로 아래
에 내린다. 한반도에서 가장 높은 산 정상 부근까지 차량으로 오른다
는 것 자체가 허전하다 못해 허탈감을 감출 수가 없다. 차량에서 내
리면 천지 주변의 땅은 돌도 아니고 흙도 아닌 부석부석한 느낌이 드
는데, 흡사 너무 굳어버려 부서지는 딱딱한 스펀지 위를 걷는 것과도
같다. 이것은 흙이 아니라 백두산 화산 폭발 때 뿜어져 나온 마그마
가 거대한 압력을 받아서 굳어진 부석이라는 돌이다.

부석은 분출하려는 마그마가 거대한 압력을 받으면서 휘발성 성
분이 모두 빠져 나가면서 극도로 가벼워진다. 이때 무수한 기공이

생기면서 돌이지만 물에 뜨게 된다. 물 흡수력이 좋아 화분용 돌로 널리 이용된다. 백두산 주변에서는 어디를 가든지 이 부석을 캐내는 작업 현장을 곳곳에서 볼 수 있는데 흡사 거대한 채석장을 방불케 할 정도다. 그만큼 부석이 엄청난 양으로 쌓여 있다. 부석은 천지 주변 해발 2,500m 이상으로 솟아 있는 봉우리 40개마다 두껍게 쌓여 있다. 크게 노란색과 옅은 회색을 띤 까만색의 부석들이 2중의 층을 이루며 쌓여 있는 것을 볼 수 있는데 아래쪽에는 노란색이 그리고 그 위쪽에는 까만색이다.

● 북한 쪽 백두산 입구에서 발견된 1,000년 전 화산 폭발의 흔적인 부석층.
앞에서 걸어가고 있는 사람들은 일본 도호쿠대학의 연구팀들로 사람의 크기에 비해 부석층의 높이는 압도적임을 알 수 있다. 이곳의 부석층 높이는 대략 60m로 관측되었다. 만약 화산 폭발 당시에 이 지점에 마을 등이 있었다면 날아와 쌓인 부석의 무게에 눌려 흔적조차 사라졌을 것이다. (사진제공: 도호쿠대학 동북아연구센터 타니쿠치 교수)

천지 주변을 둘러싸고 있는 봉우리들에 쌓인 부석의 높이는 수백 m에 달하며 실제 부석이 쌓여 생겨난 봉우리라고 보면 된다. 그만큼 땅 속에서 거대한 화산 분출이 일어나면서 엄청난 부석들이 나왔음을 말해 준다. 이 부석은 백두산 천지를 주변으로 조금씩 그 높이가 줄어들지만 동쪽인 북한 량강도 방향으로 수십km가 넘는 거리에도 여전히 수십m 이상으로 쌓여 있다. 폭발과 함께 하늘로 솟구친 부석이 다시 중력으로 인해 떨어져 산의 높이만큼 쌓였다. 타니쿠치 교수가 필자에게 보내온 북한에서 촬영한 사진에서는 부석층의 높이가 무려 60m가 넘는 것으로 기록됐다. 당시 화산 폭발 이후 하늘에서 떨어지기 시작한 부석들은 지상의 모든 것을 덮어 버리기에 충분했던 것이다.

부석층은 분출구 즉 천지를 중심으로 하여 거의 모든 구역에 쌓여 있다. 그러나 바람의 영향을 받아서 북동쪽과 동쪽에 더 두껍게 쌓였다. 북한 쪽 천지에서 동쪽으로 보면 부석층은 하나의 거대한 사막과 같은 모습이다. 거센 바람이라도 불라치면 하룻밤 사이에 모래산이 생기고 골짜기들이 없어지는 것처럼 백두산 일대에서는 바람에 날려 생긴 부석 산들이 즐비하다. 그렇다면 왜 북쪽으로 집중적으로 쌓여 있는 것일까? 여기에 대해 타니쿠치 교수는 동아시아에 부는 편서풍을 지목했다.

편서풍은 가을과 겨울, 봄철에 걸쳐 서쪽에서 동쪽으로 부는 바람으로 상층으로 올라갈수록 바람의 속도가 증가한다. 특히 높이 17km 부근의 대류권과 성층권 권계면 부근에서는 폭이 좁고 풍속이 더 강한 제트기류가 발생하는데 이때 바람의 속도는 초당 80m에 달한다. 하지만 이 편서풍은 여름이 되면 북위 50도 이상으로 북상하게

● 장군봉으로 오르는 길에서 북한 쪽으로 촬영한 부석의 사막.
백두산을 타고 강한 바람이 불면 부석은 사막의 모래산들이 만들어지고 사라지는 것처럼 날린
다. 광활한 고원을 형성하고 있는 이 부석들은 동쪽으로 길게 이어지면서 개마고원으로 연결
된다. 산 아래 멀리 보이는 안개 낀 곳이 나무들의 바다인 천리수해다.

된다. 즉 백두산 지역에 편서풍이 불 때는 늦가을부터 초봄까지가 해당되며 한겨울에 가장 강하게 분다.

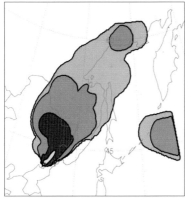

● 계절적으로 달라지는 화산재 확산 방향.
위쪽이 1월 편서풍이 불 때며 아래쪽은 8월 북태평양 고기압이 세력을 확장할 때의 방향이다. 1월 편서풍의 영향으로 동쪽으로 급속하게 확산되는 것을 볼 수 있는데 특히 농도가 짙은 노란색 부근은 일본 홋가이도와 아오모리에서 발견된 B-Tm 분포도와 일치한다. 이는 백두산이 1,000년 전 폭발했을 때의 시기가 여름보다는 편서풍이 강한 겨울이었을 가능성을 높여준다. (시뮬레이션: 기상청 김도용 박사)

필자는 기상청 김도용 박사에게 백두산이 화산 폭발을 하면 계절에 따라 그 화산재가 어떻게 확산되는지에 대한 시뮬레이션을 의뢰했다. 백두산 화산 폭발의 규모와 계절 그리고 화산재의 높이를 대입하자 결과는 놀라웠다. 1월 편서풍대에 백두산에서 분출된 화산재들을 대입하자 고스란히 동쪽으로 급속히 확산됐다. 화산재는 동해를 뒤덮고 일본 열도를 지나 태평양까지 쌓여 갔다. 이와는 반대로 여름철 바람의 방향을 대입하자 화산재는 남동계절풍의 영향으로 동쪽보다는 북쪽으로 확산되면서 만주 지역이 큰 영향을 받는 것으로 나타났다. 특히 사할린 섬을 뒤덮은 화산재는 북위 60도인 시베리아 지역까지 확산되는 것으로 확인됐다. 즉 백두산에서 분출된

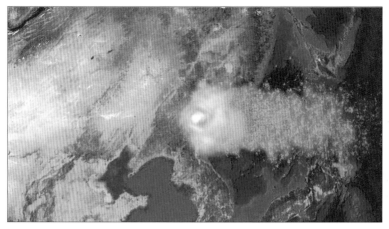

● 1,000년 전 백두산 화산 폭발시 화산재 이동 확산 가상 그래픽. (그래픽 제작: 지엑스)

화산재는 계절에 따라 방향이 큰 차이를 보이는 것이다.

김도용 박사는 "화산쇄설물 즉 부석들이 북한 쪽과 동해안, 일본 열도에 쌓인 것은 백두산에서 분출된 물질들이 편서풍에 의해 동쪽으로 날려 이동한 결과로 보인다"라고 밝혔다. 특히 "일본 열도에 수 cm에 달할 정도로 쌓인 것은 엄청난 양이 백두산에서 분출되지 않으면 불가능하며 결국 일본 열도에 쌓여 있는 백두산 화산재는 백두산의 폭발 규모가 얼마나 거대했는지를 증명할 수밖에 없는 것"이라고 밝혔다.

역사시대 이래 최대 분화

지난 1815년 4월 10일 당시 영국과 네덜란드의 식민지였던 인도네시아 숨바와 섬에서 탐보라 화산이 거대한 폭발을 일으켰다. 붉은 용암과 함께 화산재가 하늘로 솟구치면서 탐보라 산의 정상 부위가 모두 날아가 버렸다. 해발 4,000m이던 탐보라 산이 무려 1,000m 이상 사라지면서 해발 2,851m로 낮아져 버렸다. 폭발의 순간 숨바와 섬에 살고 있던 주민 1만여 명이 용암과 화산재에 묻혀 전멸하다시피 했고 겨우 수 명 만이 생존했다. 하지만 화산의 재앙은 여기서 끝나지 않았다.

화산 폭발과 함께 분출된 화산재가 햇볕을 가리면서 열사의 섬에 추위가 찾아왔다. 약 10만여 명이 굶어서 죽거나 얼어 죽었다. 그리고 피해는 전 세계로 빠르게 확산되기 시작했다. 분출된 화산재는

● 화산재가 공중으로 분출하는 전형적인 화산 분출 모습.
화산 폭발의 순간 강한 규모의 지진과 함께 엄청난 폭발음이 전해진다. 그리고 강한 압력으로 상승한 화산재가 수 분 만에 수km 상공으로 올라가면서 폭발의 규모에 따라 성층권까지 도달하기도 한다. 그리고 화산 경사면을 따라서는 화산쇄설물과 화산 홍수가 빠르게는 시속 200~300km 속도로 흘러내리면서 지상의 많은 것들을 파괴한다. 사진은 러시아 캄차카에 있는 높이 4,835m의 클리우체프스코이 화산으로 1994년 9월 30일 우주 왕복선 엔데버호의 승무원이 찍었다. 이 폭발로 화산재 구름은 18km 상공까지 올라갔다.

34km 높이 이상의 성층권까지 치솟으면서 기류를 타고 미국과 유럽으로 확산된 것이다. 화산 폭발이 일어난 다음해인 1816년, 유럽 전역은 '여름이 없는 해'로 기록되었다. 화산재가 태양빛을 반사시키면서 한파와 냉해, 이로 인한 흉작과 기근 그리고 폭동이 발생하면서 아사자가 속출한다. 화산 폭발의 파괴력이 전 지구를 흔들어 버린 것이다.

미국 대륙에서도 매우 추운 여름이 출현했다고 기록돼 있다. 탐보라 화산과 비교적 가까운 중국 기후 역사서를 보면 이런 현상들이 잘

● 화산 폭발 이후 화산재는 햇볕을 차단하게 된다. 이로 인해 지표면은 일사량이 절대 부족해지면서 평균 온도가 떨어져 농작물이 제대로 자랄 수가 없어 굶어 죽거나 얼어 죽는 사람도 생겨난다. 인도네시아 탐보라 화산의 경우 적도의 땅이었지만 갑작스럽게 찾아온 추위로 많은 사람들이 동사했다는 기록이 나온다. 이처럼 대규모 화산 폭발은 주변 지역의 위협뿐만 아니라 화산재가 바람을 타고 지구를 돌면서 지구 기후에도 영향을 주게 된다. 사진은 8월의 눈덮힌 캄차카 반도의 평야지대로 이곳에는 일 년 내내 눈이 녹지 않는다.

기록돼 있다. "탐보라 화산에서 분출된 화산재로 인해 1815년부터 1816년 2년 동안 북위 20도 아래인 하이난(海南)의 날씨가 매우 추웠기 때문에 대부분의 농작물이 얼어 죽었다. 대만에도 땅 속 깊이까지 얼음이 얼었다. 1816년 6월 시짱(西藏)에서는 3일 연속으로 눈이 내렸고 이런 이상 기후는 이후 15년간이나 지속됐다."

이처럼 가공할 만한 탐보라 화산의 폭발 위력은 일본 히로시마에 투하됐던 원자폭탄 6만여 개가 동시에 폭발한 것과 맞먹는다. 당시의 폭발 소리는 무려 1,500km 떨어진 싱가포르에서도 들렸다고 기록되어 있다. 지난 1980년대 초까지만 해도 이 당시 탐보라 화산이 지금까지 역사시대 이후 지구상에서 가장 큰 화산 폭발이었다고 알려져 왔다. 탐보라 화산이 분출한 화산 분출물의 양은 50㎦로 기록됐다. 여기에 10세기 백두산 화산 분출량에 대한 지금까지의 조사 자료를 보면 탐보라 화산을 능가하는 것을 알 수 있다.

지금까지 전 세계 화산학자들의 연구결과 백두산은 최저 50㎦에서 최고 172㎦까지다. 1990년 마치다 히로시 교수는 분출물의 규모를 최소 50㎦ 이상이라고 발표한 이후 1992년 미국인 길(Gill)은 150㎦, 그리고 1996년 중국학자 웨이 하이첸 박사는 172㎦, 2000년 독일학자 혼 슈민케는 96㎦로 자료를 내놨다. 어쨌든 백두산의 화산 분출물의 규모는 지금까지 인류 역사 이래 가장 거대했다는 탐보라 화산보다 최소한 같거나 최대 3배 이상의 규모를 가진다고 볼 수 있다.

이 같은 규모를 두고 타니쿠치 교수는 "백두산 화산 폭발이 주변지역에 어떤 영향을 미쳤는지에 대한 상상을 하기에는 화산학적 지식만 조금 있으면 너무 쉬워진다."라고 언급했다.

● 한겨울의 백두산 위성사진.

얼음으로 꽁꽁 언 천지 위로 눈이 하얗게 쌓여 있다. 천지 주변으로 백두산 화산 폭발 때 분출
물들이 흘러간 흔적인 깊은 계곡들이 사방으로 나 있는 것을 볼 수 있다. 하늘에서 본 천지는
화산 분출 때 산 정상 부위가 공중으로 날아가면서 그 부분이 함몰되어 생겨났다. 분출되어 나
온 분출물들은 화산재의 형태로 공중으로 사라진 것도 있지만 상당량은 고깔 모양이던 급경사
의 백두산 경사면에 쏟아 내면서 완만한 산으로 만들었다. 그만큼 분출되어 나온 양이 엄청나
다는 증거다. 이후 함몰되어 비어 있는 공간에 지하수가 차오르고 빗물이 고이면서 호수가 생
겨났다. (사진: NASA)

사슴뼈, 백두산 천년분화를 증언하다

1991년 6월 필리핀의 마닐라 남서쪽 80km 지점에 위치한
해발 1,748m의 피나투보(Pinatubo) 화산이 폭발을 일으켰다. 분화구
에서 불출된 화산재는 지상에서 4.8km까지 상공으로 쏟아냈으며 수
차례의 폭발과 용암을 대량 분출했다. 폭발 순간 화산재는 시속
100km의 속도로 퍼져 나갔으며 서쪽으로 30km 떨어진 남중국 해상
까지 분출물이 떨어지는 등 마닐라 북쪽 3개주 일대를 완전히 뒤덮

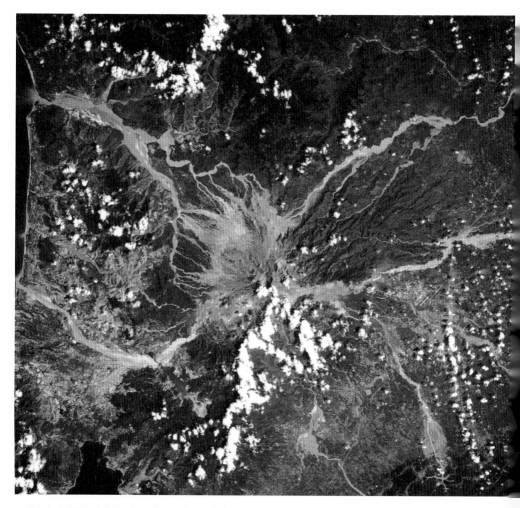

● 필리핀 피나투보 화산에서 분출된 화산 홍수의 위성사진.

화산재와 산사면의 흙이 화산 폭발로 뜨거운 물과 만나면 끈끈한 점성을 이루면서 산 경사면을 타고 무서운 속도로 하류로 흘러간다. 이때 집채만 한 바위도 옮겨갈 정도로 속도는 빨라진다. 피나투보 화산 폭발때 가장 많은 사망자를 낸 화산 분출물은 화쇄류이지만 가장 많은 이재민을 낳았던 것은 바로 이 화산 홍수였다. 화산 홍수는 피나투보 화산에서 왼쪽인 남중국해까지 50km를 넘게 쏟아져 들어갔다.

● 화산 홍수가 흘러간 지역의 모습. 화산 폭발로 생겨난 화산 홍수가 엄청난 면적으로 산 아래를 뒤덮은 것을 볼 수 있다. 사진은 러시아 캄차카 반도의 한 화산이다.

● 산 경사면을 따라 화쇄류가 쏟아져 내려오고 있다. 이 화쇄류는 뜨거운 화산재로 인해 마찰력이 줄어들면서 빠르게는 시속 200~300km의 속도로 산 경사면을 따라 내려간다. 사진은 일본 규슈의 운젠 화산 폭발 장면이다.

었다. 이 폭발로 적어도 100여 명이 사망하고 화산 주변의 도시와 농촌 주민 100만 명이 긴급 대피했다. 무엇보다 피나투보 화산 폭발의 파괴력에서 가장 이재민을 많이 만든 것은 화산 이류(토석류)라 불리는 라하르(Lahar) 즉 화산 홍수였다.

분화구에서 쏟아져 나온 홍수는 물과 뒤섞여 하류로 흘러간다. 이때의 속력이 시속 50km가 넘는다. 화산 진흙 등으로 점성이 강한 화산 홍수는 앞을 가로막는 모든 것을 파괴하며 하류로 흘러간다. 여기에는 집채 크기의 바위도 휩쓸려 갈 정도로 파괴력이 크다. 수십만 명의 이재민도 바로 이 화산 홍수에 휩쓸리거나 이 화산 홍수가 휩쓸고 온 진흙과 바위에 파묻히면서 생겨났다. 부산대 지구과학교육학부 윤성효 교수는 "화산 홍수가 산의 경사면을 타고 내려오면서 빠른 것은 시속 120km에 달하기 때문에 화산 재해 가운데 집중적인 파괴력을 가지고 있다"라고 말한다. 이런 피나투보 화산의 위성사진을 보면 화산 홍수가 흘러간 자리를 고스란히 볼 수 있는데 그 자리에는 깊은 계곡이 생겨났다. 빠른 화산 홍수가 계곡을 깊게 패어 놓은 것이다.

그러나 피나투보의 화산 홍수의 파괴력이 '1'이라면 백두산은 '100'에 달한다는 게 필자의 견해다. 백두산에서 북서쪽으로 100km 떨어진 지역에는 '동청 발해 마을'이라는 하천이 있는 조용한 마을이 한 곳 나온다. 과거 발해와 당나라를 오가는 주요 교통로였지만 지금은 옥수수로 생계를 이어가는 자그마한 마을이다. 이 강변은 마치 사

● 동청 발해 마을 주변 하천 옆에 있는 화산 홍수의 벽.
이곳은 백두산으로부터 100km 이상 떨어진 곳으로 백두산 화산 폭발 때 발생한 화산 홍수가 흘러 내려와 이곳에 고스란히 쌓여 있다. 거대한 성과 같은 이 화산 홍수 벽은 실제 발을 딛고 있는 지점 아래까지 합치면 10m가 넘는다. 이는 백두산이 1,000년 전 화산 폭발을 일으켰을 때 화산 홍수로 쓸려 온 토사가 얼마나 많았는지를 말해 주는 증거가 된다. 그리고 이 화산 홍수가 지나온 모든 마을은 고스란히 사라질 수밖에 없었을 것이다. 사진을 찍고 있는 사람은 부산대 윤성효 교수.

람들이 흙으로 성을 쌓은 것처럼 높게는 10여m가량의 화산 홍수층이 있다. 엄청난 높이의 진흙 벽들은 단단하게 굳어져 있어 손으로는 파내기 힘들 정도다. 진흙들은 10세기 백두산에서 화산이 폭발하면서 발생한 엄청난 양의 진흙 홍수가 여기까지 쓸려 내려온 것이다.

일본 도호쿠대학의 환경과학연구과 나리사와 교수는 동청 마을 하천의 진흙 벽을 그 옛날 강변에 있었던 거의 대부분의 마을을 덮친 화산 재난의 증거라고 강조했다. 바로 백두산 화산 폭발 때 빙하의 녹은 물과 화산재가 뒤엉켜 생겨난 화산 홍수가 백두산 주변 대부분의 마을을 덮친 것이다. 나리사와 교수는 특히 이런 화산 홍수의 파괴적인 속력에서 온전한 모습을 갖춘 당시의 집과 유물을 발견하기란 사실상 불가능할 수밖에 없을 것이라고 말했다. 당시 백두산 화산 홍수의 파괴력은 무엇보다 백두산의 높이가 3,500m에 달하면서 산정상에 엄청난 양으로 남아 있던 대규모 빙하와 눈들이 일시에 녹았기 때문이라는 분석이 많다. 화산 폭발의 열기가 이 빙하와 눈을 일시에 엄청난 양의 물로 바꿨기 때문이다.

중국 국가지진국의 웨이 하이첸 박사는 이 화산 홍수의 흔적이 백두산에서 최대 1,000km 밖에서도 발견됐다며 그 파괴력

● 장백계곡이 내려다보이는 곳에서 설명하는 중국 국가지진국 웨이 하이첸 박사. 웨이 박사는 이 거대한 계곡이 2~3만 년 전 빙하로 깊게 패었다가 물러나면서 생겨났다는 학설을 뒤집는 이론을 냈다. 즉 백두산이 1,000년 전 화산이 폭발했을 때 많은 양의 용암과 화쇄류 그리고 화산 홍수가 여기로 흘러가면서 깊게 패였다고 주장했다.

● 천일봉에서 내려다본 장백폭포계곡.
정북 방향인 이 계곡은 천지의 물이 유일하게 빠지는 달문을 시작으로 승사하계곡과 장백폭포
로 떨어진다. 그리고 이도백하를 거친 뒤 송화강으로 흘러든다. 백두산에서 생겨난 협곡 가운
데 가장 웅장하고 깊다. 동청 발해 마을 하천에 쌓여 있는 화산 홍수도 여기를 통해 흘러갔다.

이 상상 이상이라고 말했다. 웨이 박사는 1997년 압록강 중류 지역을 답사하던 도중 강어귀에 20~30m 높이로 쌓여 있는 화산 홍수를 발견했다. 이 속에서는 지금껏 발견하지 못했던 동물의 뼈를 발견했다. 백두산 부근에서 서식하던 사슴의 다리와 두개골 뼈였다. 이를 두고 웨이 박사는 당시 백두산 부근에서 뛰놀던 사슴 무리들이 화산 홍수에 휩쓸리면서 100km 하류까지 떠내려 왔을 것이라는 분석을 내놨다. 이는 또 다른 의미를 지니는데 화산 홍수가 사슴처럼 빠른 동물들도 피할 수 없을 정도의 파괴적인 속도로 백두산 주변 지역을 덮친 것으로 추리해 볼 수 있다.

● 화산 홍수 속에 묻혀 있는 사슴 정강이뼈. 발견 당시 이 뼈는 겉면이 고온으로 불에 탄 상태였는데 화산 홍수가 빠른 속력과 함께 상당한 열기를 지니고 있음을 알 수 있다. 백두산 부근에 서식하는 사슴으로 확인됐으며 빠른 몸놀림으로도 도망가지 못하고 갇힌 것은 결국 화산 홍수의 빠르기를 알 수 있게 해준다. 살아 있었던 생명체의 흔적을 발견함으로서 백두산 천년분화는 생명체에게 직접적인 재앙이었음을 증명할 수 있는 자료가 되고 있다. (사진제공: 웨이 하이첸 박사)

● 또 다른 지점에서 발견된 사슴 두개골뼈.

그 증거로 웨이 박사는 천지에서 달문을 시작으로 승사하의 장백폭포가 흘러가는 거대한 협곡을 지목했다. 2~3만 년 전 빙하가 물러나면서 생겼다는 당초 학설과는 달리 폭발적으로 흘러내리는 화산 홍수와 화쇄류로 인해 깊게 패인 흔적이라는 게 웨이 박사의 설명이다.

화산 홍수에 쓸려간 발해 마을

거란은 발해의 수도인 홀한성을 함락하고 그곳에 동단국을 건립한다. 그러나 이를 두고 고구려연구재단의 김은국 박사는 발해 멸망사에 대한 시각을 멸망의 해인 926년 1월과 함께 그 이후의 움직임에 주목할 것을 주문했다. 즉 거란이 홀한성을 중심으로 새로운 나라를 세우고 지배권을 전체 발해 지역으로 넓혀가려 하지만 만만치 않음을 절감한다. 거란은 홀한성 함락 이후에 홀한성 주변에 퍼져 있는 발해의 군과 현에 조칙을 적은 사신을 보낸다. 그 조칙에는 '너희들의 발해왕이 항복했으니까 너희들도 빨리 투항해라' 는 것이었다. 하지만 그것이 먹혀들지 않았다. 조칙이 보내지면서 뒤늦게 함락

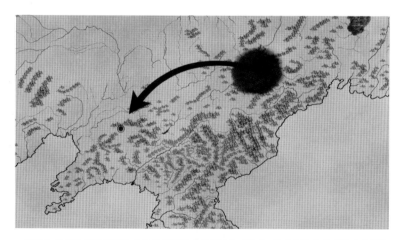

● 거란은 발해를 멸망시키고 수도인 상경성에 동단국을 세운다. 하지만 발해 유민들의 강력한 저항이 일기 시작하면서 그 해 곧바로 수도를 요양으로 옮긴다. 이는 거란이 발해의 지배하에 있던 많은 지역들을 복속시키지 못했음을 의미한다. 동단국은 요양으로 수도를 옮기면서 발해 유민들을 강제로 데리고 가는 정책을 택했다. 이로 인해 동북쪽에 있던 상당수 발해 마을들이 그 이후로 문헌에서 사라진다. 즉 강제 이주 정책으로 마을이 사라진 것이다. 그래픽은 동단국의 수도 이동 현황. 우측이 상경성이고 좌측이 요양이다.

사실을 안 발해 유민들의 봉기가 곳곳에서 일기 시작하면서 거란은 그 다음해인 927년 요양으로 이주하기에 이른 것이다. 거란이 발해 왕의 항복을 알리면서 심리적인 압박을 가하려 했지만 강력한 저항으로 사실상 실패했다고 볼 수 있는 대목이다.

요양으로 이동하면서 거란은 발해 유민들을 강제 이주시킨다. 이 과정에서 일부 군, 현들이 강제 이주에 들어가면서 마을들이 사라지는 일명 '폐현' 이 등장하기도 한다.

여기서 두 가지 사실을 알 수 있다. 한 가지는 발해 유민들을 대상으로 한 강제 이주 정책은 그리 효과를 발휘하지 못했으며 홀한성을 중심으로 한 일부 지역에 그쳤다고 볼 수 있다. 발해 유민들의 강력한 저항으로 거란이 광대한 발해 영역에 대한 실질적인 지배를 일궈내지 못했기 때문이다. 또 하나는 발해 영토 곳곳에 남아 있는 대부

● 발해 유민들은 상경성이 함락되고 발해왕인 대인선이 항복했다는 거란 사신의 조칙을 그대로 받아들이지 않는다. 오히려 이때부터 발해 부흥운동이 본격적으로 시작된다. 발해 멸망 한 해 뒤인 927년 동단국이 요양으로 이주하면서 그 자리에는 발해 부흥운동의 중심인 후발해가 들어섰다.

분의 군, 현 단위의 발해 마을들은 고스란히 예전 발해의 모습과 생활양식을 그대로 유지하고 있었다는 것이다.

그러나 여기에서 큰 의문점이 나온다. 이로부터 수십 년이 지나지 않아 문헌에는 이들 군, 현의 지명들이 대부분 사라지면서 다시는 등장하지 않는다는 것이다. 거란의 강제 이주 정책이 있었지만 발해의 동쪽인 동경과 북쪽인 회원부, 남서쪽인 서경부 모두 사람이 살지 않는 땅으로 변하고 농작물 등의 생산이 불가능한 지대처럼 여겨졌다. 이것을 설명할 수 있는 역사적 자료 또한 없다.

일본 도호쿠대학 환경과학연구과의 나사루 나리사와 교수는 『삼국사기』를 시작으로 『고려사』와 『요사』 등의 문헌을 통해 한반도 북부와 만주 지역에 걸쳐 있었던 마을들의 이름들이 생기고 없어진 현황을 조사했다. 나리사와 교수는 대부분 마을들이 문헌에 등장하지 않는 시기를 10세기 중반 무렵부터임을 확인하고 이를 한 장의 지도로 그렸다. 빨간 점은 발해시대부터 문헌에 '현'으로 표시되어 있다가 거란의 역사서인 『요사』의 기록에서

● 백두산 조중 국경비에 서 있는 일본 도호쿠대학 환경과학연구과 나사루 나리사와 교수. 그는 발해의 주요 마을인 '현'의 변화 여부를 과거 문헌 기록을 통해 조사했다.

더 이상 발견되지 않는 즉 '폐현' 된 곳에 해당된다. 파란 점은 발해 시대부터 존재하면서 그 이후에도 계속 문헌에 나타나는 곳으로 '폐현' 되지 않은 곳을 말한다. 그리고 핑크색 점은 『삼국사기』의 신라 도 삼십 구역을 나타내며 로마자는 『고려사』에 나타나는 읍락(과거 의 '현' 에 해당)을 나타내는 표시다.

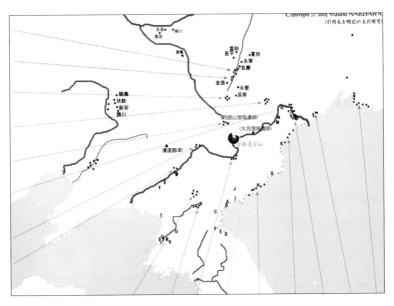

● 발해의 '폐현' 현황도.

나리사와 교수가 완성한 이 지도에서는 과거 문헌에 존재했다가 백두산 화산 폭발 이후 사라 진 '현' 을 한눈에 볼 수 있다. 여기에서 빨간 점은 발해시대에는 '현' 으로 존재했다가 발해가 멸망된 이후에는 더 이상 기록에 나타나지 않는 지점을 말한다. 파란 점은 발해시대 이후에도 계속 문헌에 등장하는 곳이며 핑크색 점은 신라와 고려에도 나타나는 지점이다. 여기서 빨 간 점의 수와 분포도에 주목해 보면 일정한 공통점을 발견할 수 있다. 즉 빨간 점이 몰려 있는 곳은 백두산을 중심으로 서남쪽으로는 압록강과 북쪽으로는 송화강, 목단강 그리고 동쪽으로 는 두만강 등 주요 강들이 흘러 나가는 지점에 밀집해 있다. 이는 백두산 화산 폭발 때 분출되 어 나온 화쇄류가 확산되어 나간 지점과 일치하는 것을 의미한다. 동쪽으로는 러시아 블라디 보스톡 부근에서 특히 많이 발견되는데 이는 화산 홍수와 함께 화산재들이 편서풍을 타고 날 려 가면서 덮친 것으로 해석될 수 있다.

|제2부●북반구를 뒤흔든 백두산 대폭화|

여기에서 특징적인 사실은 빨간 점 즉 현이 사라진 곳은 백두산 천지로부터 세 방면임을 알 수 있다. 즉 대부분 동쪽에 몰려 있는데 압록강인 서남방면, 송화강이 흐르는 북동쪽 그리고 두만강과 연해주가 맞닿는 동쪽에 해당한다. 이는 묘하게도 백두산의 화산 홍수가 대량으로 흘러간 강과 일치한다. 즉 화산 홍수로 인해 지금의 압록강과 두만강, 그리고 송화강의 모습이 갖춰진 것처

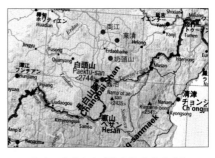

● 초기 발굴이 시작된 백두산 주변 발해 마을.
백두산을 중심으로 4개의 빨간 점이다. 백두산 천지로부터 북쪽으로 원지와 내두산 동청 그리고 양강 지역이다. 이 지역 가운데 내두산은 백두산의 화산 홍수 자국이 지금도 선명하게 남아 있으며 그 지역 주변으로는 발해 시대 토기로 보이는 유물들이 발굴됐다. 이 지도에서는 표기되지 않았지만 백두산에서 동쪽인 두만강을 따라 무산에 이르기 전 지점에 '대동'이 나오는데 이곳도 화산의 흔적과 마을의 흔적이 뒤섞여 있어 백두산 주변 발해 마을들이 어떻게 사라졌는지를 연구해 볼 수 있는 장소가 되고 있다.

럼 이 시기 주변 강변에 있던 대부분의 마을들이 화산 홍수에 흔적도 없이 사라졌다고 볼 수 있다.

대부분의 마을들은 물이 있는 큰 강변에 형성되어 있었지만 거대한 화산 홍수가 강을 넘어 범람하면서 주변 마을까지 모두 휩쓸어 버린 것이다. 이를 증명하는 발굴이 백두산 기슭의 내두산과 대동 지역에서 있었다. 관련 지역은 발해시대에 '현'에 해당하는 곳이었다가 발해 멸망 이후 더 이상 문헌에 등장하지 않는 곳이다. 내두산은 백두산 천지에서 장백계곡을 지나 이도백하로 내려가는 지점에 위치해 있고 대동은 천지에서 두만강으로 따라 50km 지점에 있다. 2004년 일본 도호쿠대학 조사단이 이 사라진 마을에 대한 발굴 조사 결과

● 동청 발해 마을에서 출토된 깨진 토기.

이 토기의 주성분을 분석하자 4~5,000년 전 백두산에서 분출된 화산 성분으로 나왔다. 이는 오랜 세월 전부터 백두산 화산이 만들어 낸 비옥한 토양을 바탕으로 사람들이 모여 살면서 곡식을 재배하고 토기 등을 만들어 사용했음을 말한다. 그리고 이 토기가 화산 홍수가 지나간 자리에서 발견된 것은 그 이후 천년분화 때 휩쓸려 파묻힌 것이 된다. 백두산 부근에서는 발해인들이 많이 살았고 이 마을이 화산 분출과 함께 사라진 것이다.

대홍수 흔적을 곳곳에서 확인할 수 있었다.

지난 2006년 10월 나리사와 교수는 필자와 함께 대동과 내두산 유적지를 다시 둘러봤다. 그곳에 거대한 홍수의 흔적인 라하르와 함께 부석층이 두껍게 쌓여 있었다. 그리고 특징적인 것은 지금도 그 지역 주변으로는 부서진 토기들이 대량으로 나오고 있다는 것이다. 필자는 이 토기들을 부산대 윤성효 교수에게 의뢰해 그 시기와 성분 등을 의뢰했다. 그랬더니 흥미로운 결과가 나왔다. 즉 내두산과 대동 지역에서 출토된 토기의 성분은 백두산 화산재 성분이었던 것이다. 그것도 4~5,000년 전 백두산 대분화 때 분출된 성분이었다. 이를 두고 윤성효 교수는 "4~5,000년 전 백두산 화산 폭발로 나온 비옥한 토양을 바탕으로 농사를 짓고 질그릇 등을 만들며 살아가던 발해인들이 그 뒤 10세기 거대 분화 때 화산 홍수에 묻혀 사라졌다가 하나씩 드러나고 있음을 시사하는 것이다"라고 말했다.

한편 나리사와 교수가 작성한 지도상에서 두만강이 흐르는 동쪽 지역은 유독 많은 '폐현' 들이 있는 것을 목격할 수 있다. 이는 화산 폭발 당시 편서풍으로 인해 화산재가 극심한 영향을 미쳤다는 것으로 북한의 량강도와 함경도 지역 그리고 지금의 러시아 블라디보스톡 등에 있던 큰 마을들 모두가 화산재에 묻혀 사라졌음을 짐작할 수 있게 한다.

시간이 멈춘 탄화목(炭火木)

백두산 자락의 완만한 경사는 천리수해 즉 나무의 바다로 불릴 정도로 수목이 울창하다. 한반도와 만주 지역을 통틀어 백두산처럼 원시림이 끝없이 펼쳐지고 산림자원이 넉넉한 곳은 없다. 고려를 지배하던 몽고는 백두산에 있는 나무들을 베어서 배를 만드는데

● 나무의 바다를 이루고 있는 백두산 주변.
경사도가 완만해 언덕처럼 보이는 멀리 있는 산이 백두산이다. 백두산 주변은 이처럼 갖가지 나무들로 원시 숲을 고스란히 간직하고 있다. 대부분 침엽수로 이루어져 있지만 자작나무와 피나무 등 활엽수도 분포한다. 이 나무들은 1,000년 전 백두산이 거대 분화를 일으켰을 때 화쇄류와 화산 홍수에 휩쓸리고 묻혀 대부분 사라졌다. 지금 보이는 것은 그 이후 다시 화산재를 영양분으로 자라난 것이다. 앞쪽으로 보이는 계곡은 1,000년 전 백두산 화산 폭발 때 생겨난 것이다.

● 백두산 자작나무 숲.

● 압록강 상류 지역에 있는 나무의 무덤.

10여m에 달하는 이 층에는 화산 홍수와 화쇄류에 타 버린 나무들이 집단으로 매장되어 있다. 단면 중간 중간 보이는 검은 것이 모두 1,000년 전 화산 폭발 때 백두산 주변에서 왕성하게 자라던 나무들이다. 나무들이 뜨거운 화쇄류에 닿는 순간 불에 타면서 화쇄류의 속도에 부러지고 뿌리 채 뽑혀 아래로 휩쓸려 가다 특정 장소에서 층층이 쌓이게 된다. 그리고 지금 백두산 주변에서 자라는 나무들은 이때 탄화된 나무와 그 화산 분출물 위에서 새로 뿌리를 내리며 성장하고 있다.

사용했고(『고려사』) 청나라는 백두산에서 뗏목을 만들어 압록강에 띄우고 바다를 통해 가져가 재목으로 쓰기도 했다(박제가 『북학의』).

백두산 일대는 이깔나무와 가문비나무, 분비나무 등의 침엽수림이 84종을 이루며 자작나무와 피나무 같은 활엽수림도 분포한다. 이러한 백두산의 식물상은 부석을 뿜어 낸 화산 활동 이전과 이후가 큰 차이를 보인다. 당시 백두산에 거대한 화산 폭발이 발생하면서 분출된 부석은 그 일대에 자라고 있던 식물들을 태우거나 묻어 버렸다. 분출된 수백도의 뜨거운 화쇄류와 부석은 일차적으로 산의 급경사면을 따라 쏟아지면서 주변의 모든 나무를 흔적도 없이 태워 휩쓸어 버린다. 숯으로 변할 사이도 없이 천리수해의 나무들이 사라진 것이다. 이와 함께 화산 홍수는 아름드리나무를 뿌리째 휩쓸고 하류로 돌진해 갔다.

백두산 주변에서 이런 화산 이류에 휩쓸려 쌓여 있는 나무의 무덤은 압록강 대협곡과 장백 대협곡 등지에 지금도 고스란히 남아 있다. 이 협곡을 파 보면 그 당시 화산 홍수에 휩쓸렸던 나무들이 엄청난 높이로 무덤이 되어 쌓여 있는 것을 볼 수 있다. 또 하늘로 올라갔던 화산재는 곧바로 중력과 바람의 힘에 의해 땅으로 내려오면서 모든 나무들을 고스란히 묻어 버렸다. 나무는 뜨거운 화산재에 묻히는 순간 껍질이 불에 탄다. 불에 탄 껍질의 탄소 연대를 측정하면 화산 폭발의 시기를 알 수 있다.

화쇄류와 화산 홍수는 서쪽과 북쪽 방향이 주를 이루면서 제대로 서 있는 탄화목을 발견하기가 불가능하다. 하지만 북한 쪽 방향인 동쪽으로는 화산재가 하늘에서 고스란히 내려앉아 나무들이 서 있는

상태에서 뜨거운 화산재에 묻히는데 이때 나무는 쓰러지지 않고 껍질이 불에 탄다. 이 탄화목은 화쇄류와 화산 홍수에 쓰러진 것보다 연대 측정의 정밀도를 훨씬 높일 수 있다.

조선 영조 연간에 백두산을 오른 한 등산가도 이 탄화목을 목격하고 이렇게 기술했다.

> 무너진 언덕을 보니 다 부석더미로 되었는데, 그 속에는 옛날 죽어 묻힌 통나무가 있어 한 아름 혹은 두어 아름이나 된다. 웃통은 다 꺾여 높이가 겨우 1~2척 또는 3~4척밖에 되지 않는다. 지금 여기에는 여름에도 눈이 쌓여 한 치의 풀도 자라지 못하는데 저 죽은 나무는 어느

● 화쇄류가 휩쓸고 간 숲. 고온의 뜨거운 화쇄류가 무서운 속도로 지나간 자리에는 이처럼 살아남은 나무들을 보기 힘들다. 설령 뿌리 채 뽑히지 않고 자리를 보전한다 해도 사진에서처럼 몸통이 꺾인 채 죽어 있다. 사진은 2006년 6월 인도네시아 메라피 화산 부근.

● 1차적으로 화쇄류에 쓸려 내려온 탄화목들은 2차로 발생하는 화산 홍수에 파묻힌다.

때 이렇게도 아름드리로 자랐던고? 또 부석에다가 뿌리를 박은 것도 알 수 없는 일이다.

　그윽히 생각하건데 땅 기운의 열리고 막힘이 하늘 운수의 통하고 통하지 못함과 같아서 비록 그늘진 언덕 궁벽한 골짜기라 할지라도 한 번 땅 기운이 퍼지고 하늘 운수가 통한 적은 반드시 있었을 것이다. 지금 여기가 비록 음기로 막혀 있지만 억만 년 전에는 한 번 양기로 트여 본 일이 있지 않았겠는가, 그러면 이 나무가 그때에 자랐다가 청상의 변화가 일어나고 산곡이 바뀔 때 모진 바람에 꺾이고 부석에 덮여 그렇게 됨이 아니겠는가 (박종, 『백두산유록』)

여기서 이 등산가는 백두산의 화산 활동과 탄화목이 생긴 이유에 대해서는 지식이 없었던 것이 분명하다.

그러나 여기에서 두 가지는 확실히 알 수 있다. 지금은 황량한 사막과도 같은 이 부석층 지대가 과거에는 산림이 우거진 울창한 지대였다는 것이다. 또한 재로 변한 채 서 있는 탄화목은 그 이후 화산 분출물로 묻히면서 생겨났다는 것이다. 화산 분출 이전에 따뜻한 기후로 고산지대까지 산림이 울창했지만 화산 폭발 이후 모두 화산재에 타 버리거나 묻혀 버린 것이 된다.

백두산 천년분화는 탄화목의 발굴을 시작으로 한 탄소연대 측정이 가장 일반적으로 이뤄지고 있는 방법이다. 현재까지 일본과 중국, 북한, 러시아, 미국, 독일학자들이 이 연대 측정을 시도했다. 그 결과는 화산 폭발의 연대는 서기 760년부터 1489년까지로 범위가 너무 넓게 나왔다. 하지만 이것은 탄화목을 어디에서 채취했느냐에 따라 큰 차이를 보이고 있다. 부석이 하늘에서 고스란히 내려와 쌓인 북한 쪽의 경우 서기 1120년과 1150년, 1170년 그리고 1310년이고 화쇄류와 화산 홍수가 휩쓴 곳인 중국 쪽은 서기 870년과 890년, 940년 등이다.

이런 가운데 연대별로 측정한 데이터는 1989년 러시아인 쉬타코프 박사가 발표했는데 북한 쪽에서는 1120~1310년으로 중국 쪽에서는 580~940년으로 발표했다. 1990년 마치다 교수는 915~1330년으로 조사 결과를 내놨으며 1992년 북한의 리돈 박사는 그 폭발 시기를 12세기라고 보고했고 같은 미국인 화산학자 길은 「화산과 지구변화」라는 논문에서 750~969년으로 발표했다. 3년 뒤인 1995년 중국 학자 류고신 등은 이보다 50여 년 뒤인 1014~1019년에 백두산이 폭발했다고 발표했다. 이런 가운데 독일학자 혼 슈민케는 처음으로 북

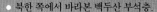
● 북한 쪽에서 바라본 백두산 부석층.
부석에 묻혀 있는 탄화목이 보인다. 이 나무는 화산재들이 하늘에서 떨어지면서 서 있는 상태로 묻힌 것이다. 10~20m가량 자라는 이 나무들의 특성으로 미뤄볼 때 쌓인 부석의 높이를 짐작하게 해 준다. 백두산 동쪽 부근으로는 이처럼 화쇄류의 영향보다는 공중에서 떨어진 화산재들에 파묻힌 탄화목들이 많이 있다. 이 탄화목은 불에 탄 껍질 부분이 잘 보존되어 있어 연대 측정의 정밀도를 높일 수 있다.

● 최초로 북한 지역에서 서 있는 탄화목으로 연대 측정을 시도한 독일인 화산학자 혼 슈민케 박사. 그녀는 이 탄화목의 연대 측정 결과 백두산은 969±20년에 폭발했다고 보고했다. 이는 그동안 폭발 연대의 범위가 수백 년에 이르던 것에서 크게 단축시킨 것이 되었다. (사진제공: 도호쿠대학 동북아연구센터)

● 북한 쪽에서 채취한 수령 200~300년가량 된 삼나무 탄화목. 지금까지 발견된 탄화목 가운데 가장 잘 보존되어 있는 것이 특징이다. 일본 동경도립대 마치다 교수가 이 탄화목의 연대를 측정하자 911~946년 사이로 나왔다. 35년의 기간이 있지만 연대를 크게 줄였다. 이 시기는 926년에 발해가 멸망한 것으로 볼 때 멸망 전 15년 멸망 후 20년 사이가 된다. 그러나 이후 다양한 연구를 통해 백두산 폭발은 발해 멸망 이후라는 게 일반적으로 받아들여지고 있다.

한 쪽 백두산 등정에 성공하면서 곧바로 서 있는 탄화목을 채취했는데 그녀는 1999년, 백두산이 인류 역사시대 이래 최대 규모인 96±19㎦로 거대 분화를 일으켰음을 확인했다고 보고했다. 그리고 2000년이 지나면서 슈민케 박사가 보고한 폭발 연대에 좀 더 집중되는 결과가 도출되기 시작했다.

마치다 교수도 지난 2002년 북한 쪽 백두산에서 부석에 덮여 있던 수령 200년이 된 삼나무 탄화목을 발견했다. 당시 발견된 삼나무는 지금까지 화쇄류 등으로 나무껍질이 훼손되면서 탄소연대 측정의 정밀도가 떨어졌던 것에 비해 가장 잘 보존된 상태였다. 분석 결과 삼나무가 화산재로 불에 탄 시기는 911~946년으로 그 범위를 크게 압축했다. 이 분석 결과대로라면 백두산 천년분화는 발해 멸망 전 15년, 발해 멸망 후 20년 사이가 된다.

이후 일본 도호쿠대학의 타니쿠치 교수팀의 2004년 백두산 탄화목의 연대 측정과 일본 아오모리 현 오가와라 호수 퇴적물에 대한 종합적인 분석 등을 통해 화산 폭발 시기가 938년에 가장 근접한다는 내용의 종합보고서인 「중국 동북부 백두산의 10세기 거대 화산 분화

● 탄화목의 시료를 채취하는 연구자들.
1990년대 후반까지는 중국 쪽의 쓰러져 있는 탄화목으로 측정했었다. 정치적인 이유로 북한 쪽에 대한 조사가 불가능했기 때문이다. 하지만 2000년을 기점으로 북한 방향에 대해서도 많은 학자들이 연구를 시도하고 있다. 사진은 2004년 압록강 유역 화산 홍수와 화쇄류에 묻혀 있는 탄화목을 채취하고 있는 도호쿠대학 연구진들.

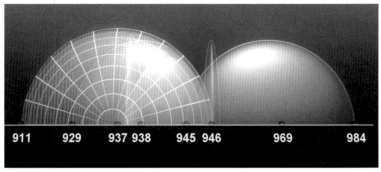

● 백두산 탄화목으로 측정한 화산 폭발 연대치. 지금까지 다양한 연대가 나왔지만 938년으로 근접하고 있다.

의 역사 효과」를 발표했다. 1990년대부터 시작된 백두산 화산 분출 시기에 대한 연구가 조금씩 그 범위를 압축하면서 특정 연대로 압축 되기에 이르렀다. 이런 분석 결과로 볼 때 발해는 백두산 거대 화산 분출이 있기 10여 년 전에 이미 멸망한 것이 된다.

화산 폭발음, 일본에서 들었다

1815년 인도네시아 탐보라 화산이 폭발하면서 그 소리는 1,500km 떨어진 싱가포르에서도 들렸다. 이후 1883년 8월 인도네시 아의 자바 섬과 수마트라 사이의 크라카타우 섬에 있던 크라카타우 화산이 분화했다. 강력한 폭발로 섬의 3분의 2가 날아가 버렸는데 이 때 폭발의 소리가 3,500km 떨어진 호주 내륙까지 날아갔다. 당시 호 주 사람들은 이를 소총 소리로 오인했다고 적고 있다. 그리고 네 시간 뒤 화산 폭발 소리는 4,800km 떨어진 인도양에 있는 로드리게스라는 작은 섬에 이르렀는데 그곳의 경찰 서장인 제임스 월리스는 그 소리 를 중포가 멀리서 우르릉거리는 소리라고 보고했다. 지구 전체로 약

● 1,000년 전 백두산 화산 폭발 때 날아온 화산탄. 백두산에서 60km가량 떨어진 두만강변에서 촬영한 화면이다. 사진에서처럼 지름이 1m가 넘는 거대한 화산탄들이 60km 이상을 날아올 정도면 백두산 폭발의 위력이 어느 정도였는지를 실감할 수 있다. 화산탄은 부석 등과는 달리 무거우며 폭탄보다 더 강한 충격으로 주변을 위협한다. 이를 통해 백두산 화산 폭발음의 크기를 짐작할 수 있다. (사진제공: 일본 도호쿠대학 동북아연구센터)

7%에 해당하는 지역에서 화산 폭발음을 들을 수 있었다고 한다.

그렇다면 화산 폭발의 지수가 탐보라나 크라카타우 화산보다 더 큰 백두산의 경우를 살펴보자. 정확하게 백두산에서 화산 폭발 소리를 기록한 문헌은 발견된 것이 없다. 그러나 이를 뒷받침하는 결정적인 문헌 자료가 10세기에 기록된 『일본기략』에 있다.

『일본기략』은 "939년 1월에 원방(遠方)에서 공진(空震)"이라고 적고 있다. 즉 '멀리서 천둥을 치는 듯한 공기의 진동이 있었다'는 것이다. 당시 일본 문헌에서 '공진'이라는 뜻은 화산 폭발의 소리를 기록하던 단어였다. 그만

● 『일본기략』. 이 문헌에는 '원방(遠方)에서 공진(空震)'이라는 표현이 나온다. 이는 화산 폭발의 소리를 기록한 것으로 1,000년 전 백두산 분화 때 나온 폭발음을 일본 역사가가 어디에서 울렸는지를 몰라 기록한 것으로 볼 수 있다.

큼 일본에서 화산 폭발이라는 자연현상이 많았다는 것도 된다. 그러나 939년 1월 일본에서는 화산 폭발의 자연재해가 전혀 없어 일본 이외의 지역이 이 소리의 주인공이 될 수밖에 없다.

가장 유력하게 거론된 곳이 한반도의 지붕인 백두산 화산 폭발이다. 그러나 이 기록이 적힌 곳에서 백두산까지의 거리는 최소 1,000km에 달한다. 폭발의 소리가 아무리 크다 해도 1,000km가 넘는 거리까지 들릴 수 있는 지는 의문이다. 이에 대해 필자는 부경대 물리학과 김성부 교수에게 그 가능성을 타진했다. 김 교수는 잠수함 등 물속 소리 전달에 대한 연구를 이어오고 있던 수중음파 전문가다.

먼저 백두산 화산 폭발의 소리 크기를 환산해 낼 필요가 있었다. 김 교수는 1945년 일본 히로시마에 투하된 원폭의 폭발음에 비교해서 백두산 화산 폭발음의 소리를 100Mt급의 수소 폭탄이 터지는 소리로 가정했는데 이는 대형로켓 100개가 일시에 발사되는 소리와 같은 크기다. 소리가 전달되기 위한 조건은 중간에 소리가 퍼지거나 흡수되면서 사라지는 것보다 소리의 에너지가 더 많아야 된다. 소리가 전달되기 위해서는 즉 〈관측자의 소리 관측=화산 음원의 세기(dB)-퍼짐에 의한 손실(dB)-흡수에 의한 손실(dB)〉로 나타낼 수 있다.

● 부경대 김성부 교수는 "음원의 크기가 퍼지는 소리와 흡수되는 소리를 모두 빼고도 남으면 물리학적으로 들릴 수밖에 없다"라고 말한다.

● 백두산 화산에서 나온 소리는 구름과 동해바다가 서로 반사판 역할을 하면서 일본까지 충분히 전달된다. 여기서 구름은 일정 부분 소리를 흡수하지만 바다는 90% 이상 소리를 반사하게 된다. 즉 939년 1월 일본 역사가는 하늘에서 들려오는 폭발음을 충격으로 받아들이며 이를 『일본기략』에 적어 놓았다. (그래픽: 부경대 김성부 교수)

김 교수는 백두산 1,000년 화산 폭발의 경우는 퍼짐과 흡수에 의한 손실 자체가 그렇게 크지 않다고 봤다. 즉 계절적으로 그리고 지정학적으로 동해 상공의 구름 또는 화산재와 동해 바다가 아래 위에서 소리를 전달할 수 있는 통로 역할을 한 것이 된다. '구름+화산재'는 어느 정도 소리를 흡수하고 확산시키는 역할을 하지만 바다는 소리의 90% 이상을 반사한다. 이를 통해 백두산 화산 폭발의 소리는 동해 바다와 구름이 전달자 역할을 하면서 일본 열도까지 전달될 수 있다는 이론이 나온다.

이런 물리적 지식에 수학적 수치를 대입하자 결과는 생각 이상의 높은 음량으로 나왔다. 로켓 100개가 동시에 터진 백두산 화산 폭발 소리는 1,000km 이상 떨어진 일본에서 직경 2m나 되는 거대한 북을 세게 치는 소리와 같다는 결론이 도출되었다. 백두산 천년분화가 수

● 물리학과 수학이 결합된 결과에서 일본에서 들린 백두산 폭발음의 크기는 바로 앞에서 직경 2m가 넘는 큰 북을 때릴 때의 크기와 같은 수준으로 나왔다.

개월째 지속됐다는 점을 감안하면 일본에서도 폭발의 소리는 하늘의 재앙 수준이었음이 짐작이 갈 정도다.

이 시기 일본은 천황의 권위가 추락하면서 이를 대신해 귀족 세력인 후지하라씨(蘇原氏)에 의한 섭정 정치가 이루어지면서 전횡이 펼쳐진다. 이런 가운데 각 지방에서 토호들이 세력을 키우면서 '쇼해이(承平) · 덴기요(天慶)의 난' 으로 이어지는데 나중에 이들이 무사로 성장하며 일본에서 전개되는 봉건적 정치 질서를 주도해 나가게 된다. 이 시기의 연도가 대략 935년에서 941년에 해당한다. 즉 일본에서 민란 형식의 큰 변란이 발생한다는 것은 폭압 정치로 인한 수탈과 함께 자연재해로 인해 극도의 빈곤이 이어지면서 발생할 수 있는 것으로 해석된다. 즉 화산 폭발음이 들린 이후 얼마 지나지 않아 10cm에 달하는 엄청난 화산재가 일본 북동부 열도에 쏟아지기 시작하면서 모든 농작물이 말라 죽거나 이후 재배가 불가능해지면서 초토화되고 민심이 극도로 흉흉해졌기 때문이다.

중국 국가지진국 웨이 하이첸 박사는 화산재가 1cm만 쌓여도 모든 농작물이 말라서 타들어 죽어간다고 밝힌 점만 봐도 당시 상황의 심각성을 엿볼 수 있다. 목원대학교 사학과 서영교 교수는 "고대 사회로부터 자연적 재앙은 곧 민심으로 이어져 이것이 역사의 수레바퀴를 바꾸는 거대한 힘으로 작용하는 사례가 종종 있다"며 "일본은 화산재로 인해 충분히 그런 변화의 과정을 겪을 수밖에 없었을 것으로 생각된다"라고 말했다.

한편 김성부 교수는 계절적으로 1월이라는 점에 주목했는데 이 시기는 편서풍이 연중 가장 강하게 부는 계절로 바람의 도움도 소리를 전달하는데 긍정적인 역할을 했을 것으로 예측했다. 이런 문헌에 기록된 두 단어를 바탕으로 한 과학적 분석은 결국 백두산의 거대 분화와 그 시기가 어느 정도 증명되는 것이라고 볼 수 있다.

● 저음의 폭발음과 함께 곧이어 하늘을 뒤덮으며 쏟아지는 화산재는 영문을 모르던 그 시대 일본인들에게 충격을 주기에 충분하다. 석 달 열흘 동안 천지는 화산 구름으로 어둠에 잠기고 추위가 찾아오면서 민심은 곧 반란으로 이어질 수밖에 없었을 것이다.

지구의 기후를 떨어뜨리다

화산이 폭발해 화산재가 퍼지면 그 주변으로 추위가 찾아온다.
특히 화산재가 성층권까지 치솟아 대류를 타고 확산되면
전 지구적인 냉각 효과가 나타난다.

14일 만에 지구를 돌아 나온 백두산 화산재

인도네시아 탐보라 화산 폭발은 유럽에 여름이 없는 기후를 만들었으며 위도 20도 아래인 하이난(海南)의 농작물을 동사시켰다. 대만(臺灣)에도 땅이 얼고 시짱(西藏)에서는 3일 연속 눈이 내렸다. 이런 이상 기후는 이후 15년 동안이나 지속되었다. 지난 1991년 필리핀 피나투보 화산 폭발로 지구 평균 온도가 0.6도 내려갔다. 당시 화산재는 4.8km 정도로 그리 높이 올라가지 않았지만 기후에 미치는 영향은 상당했다.

화산재가 기후를 바꾸는 매커니즘은 간단하다. 대기로 분출된 화산재가 특히 성층권까지 치달으면 화산재는 바람을 타고 떠돌면서 햇볕을 차단한다. 이로 인해 일사량이 부족해지면서 온도가 떨어지

● 필리핀 피나투보 화산 폭발로 솟아오르는 화산재. 화산재는 엄청난 압력으로 순식간에 성층권까지 솟아오른다. 따라서 앞에서 쟁기질을 하는 농부들은 화산 폭발에 무관심하다기보다는 화산과의 거리 때문에 소리 전달의 시차로 인해 아직 알아차리지 못했을 가능성이 크다. 당시 하늘로 분출된 화산재의 높이는 35km에 달한다.

게 된다. 화산 분출에서 나온 화산재를 에어로솔이라 하는데 그 크기가 보통 0.1~3마이크론으로 황사의 3~10마이크론보다 훨씬 더 가늘고 미세하다. 사람의 호흡기로 들어오는 먼지의 크기가 1마이크론인 것을 감안하면 공중으로 떠다니며 확산되는 화산재는 훨씬 더 미세하다.

에어로솔은 태양 빛이나 태양 에너지를 흡수하기보다는 반사하고 산란하는 효과가 높다. 이는 에어로솔의 크기가 태양 광선이 가지고 있는 파장과 크기가 같기 때문이다. 이로 인해 화산이 폭발해 화산재가 퍼지면 그 주변으로 추위가 찾아온다. 특히 화산재가 성층권까지 치솟아 대류를 타고 확산되면 전 지구적인 냉각 효과가 나타난다. 그리고 성층권에 도달한 화산재는 편서풍을 타고 지구를 떠돌게 되는데

● 피나투보 화산 폭발 이후 대기권에 몰려 있는 화산재의 모습.
화산재가 미세한 에어로솔의 형태로 대기권에서 막을 형성하며 태양빛을 차단하게 된다. 피나투보 화산 폭발 때 분출된 화산재로 인해 1991년 지구의 평균 온도는 0.6도 하락했다. 사진은 항공기에서 촬영한 것이다.

보통 지구를 한 바퀴 도는데 한 달 정도 소요된다. 이런 에어로솔은 워낙 가볍기 때문에 보통 성층권에서 사라지기까지는 2~5년까지 걸린다. 하지만 85% 정도만 사라지고 나머지 15% 정도는 길게는 10년 가까이 공기 중에서 떠돌아다니며 지구의 온도를 떨어뜨리게 된다.

필자는 부경대 기상학과 오재호 교수팀에 의뢰해 1,000년 전 백두산 화산 폭발 때 분출된 화산재가 지구 기후에 어떤 영향을 미쳤는지에 대해 알아봤다. 백두산 천년분화를 단 1회 폭발한 것으로 가정하고 이를 편서풍이 강하게 불었던 계절인 1월에 대입했다. 이를 위해 지난 10년간 북반구 1월 평균 제트기류의 세기와 방향에 대한 데이터를 부경대 수퍼컴퓨터에 대입시켰다. 두 달간에 걸친 시뮬레이션 결과 결론은 예상외로 엄청났다.

● 백두산 화산재의 이동로.
겨울철인 12월 1일 10km 상공에
서 화산재를 분출시키자 17일 만
에 북반구를 한 바퀴 돌아 나온다.
지구를 위에서 본 모양으로 좌측
하단 별표가 백두산 위치에 해당
한다. (시뮬레이션: 기상청 김도용
박사)

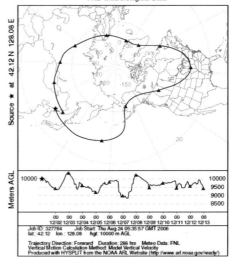

백두산에서 분출된 화
산재는 성층권에 도달한
뒤 초당 100m 가까운 속
도로 동쪽으로 확산되기
시작했다. 화산재는 단 하루 만에 일본 홋가이도와 아오모리 지역인
동북부 지방을 지났다. 이내 직선으로 북태평양 상공을 가로지른다.
이때 화산재는 퍼지지 않고 폭 500km, 길이 10,000km가량의 긴 띠
형태를 유지한다. 화산재는 미국과 캐나다 서쪽 국경선에 도달한 뒤
약간 아래로 흐르며 미국 대륙을 가로지른 뒤 뉴욕 상공을 지난다.
이후 대서양을 건너면서 더욱 가늘어진 화산재는 스페인과 이태리
그리스 반도를 지나 지중해를 거치면서 카스피 해의 제일 아래 부분
을 관통한다. 대륙을 만나면서 처음 크기의 5분의 1로 줄어든 화산재
는 몽골과 중국 국경선을 가로지르며 요동 반도에 다다른다. 이렇게
백두산에서 분출된 화산재가 지구를 한 바퀴 돌아 나오는데 걸린 시
간은 14일이었다.

오재호 교수는 화산 띠가 광범위하게 확산되지 않고 갯지렁이처
럼 긴 꼬리를 이루며 빠르게 확산된 것은 겨울철 북반구에 부는 강한

● 부경대 수퍼컴퓨터실. 이곳에서 1995년부터 10년간 북반구 1월 제트기류의 방향과 세기를 평균해냈다. 이 데이터에 백두산 분출물을 24km 상공까지 분출시키는 시뮬레이션을 시도했다.

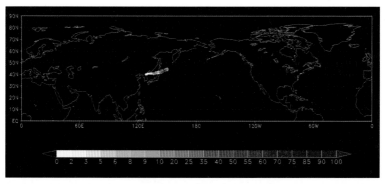

● 백두산에서 분출되어 편서풍을 탄 화산재는 일본 동북부 지방의 아오모리와 홋가이도를 거쳐 태평양으로 빠져 나온다. 화산재의 농도가 아주 짙은 것을 볼 수 있다.

● 화산재의 농도는 약간 엷어졌지만 태평양을 가로지르며 날아온 화산재는 좀 더 길어지고 폭도 넓어진 것을 볼 수 있다. 미국과 캐나다 국경지역 부근에 도달하면서 화산재는 약간 남쪽인 뉴욕 방향으로 향한다.

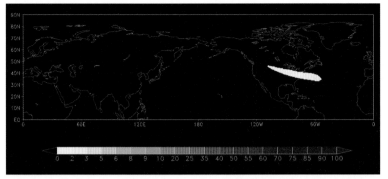

● 북미 대륙을 가로지른 화산재는 여전히 높은 농도를 유지하며 대서양으로 빠져 나간다. 길이는 더욱 길어져 북미 대륙을 가로지르고도 남는다.

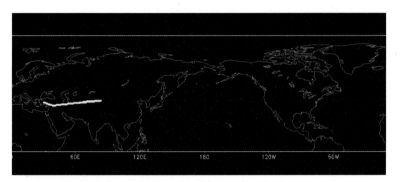

● 대서양을 건너온 화산재는 가늘고 길게 그리고 농도가 옅어지면서 지중해와 카스피 해를 지나 중국과 몽골 국경을 가로지르고 있다. 이렇게 백두산에서 동쪽으로 날아간 화산재가 다시 백두산 지점에 도착하는 데 걸린 시간은 14일이다. 초당 100m가 넘는 속도로 날아간 것이다. 문제는 1,000년 전 백두산 화산 폭발은 이 시뮬레이션에서처럼 단 한 차례가 아니라 며칠간 폭발하면서 화산재는 더욱 두껍고 긴 띠를 이루며 북반구에 상당한 영향을 준 것으로 파악할 수 있다.

● 백두산이 최소 수일간 폭발했다고 가정했을 때 화산재의 확산 가상도. 북반구 전체가 폭 400~500km로 끊어지지 않는 긴 띠의 화산재 범위에 들어가게 된다.

편서풍과 제트기류의 영향 때문이라고 분석했다. 하지만 그 띠가 시각적으로 넓게 보이지는 않지만 면적은 상당한 수준이다. 오 교수는 이 화산재가 확산되면서 북반구 기후 변화를 유발할 수 있느냐는 질문에 "적도 부근에서의 화산 폭발은 무역풍을 타고 전 세계의 기후에 영향을 미치지만 백두산과 같은 위도 40도 부근에서 발생한 화산재는 고위도 부근에만 머물기 때문에 전 세계적인 기후 변화를 유발하기는 힘들다"라고 말했다. 하지만 "화산재가 지나는 부근에서는 그 영향이 분명 존재할 수밖에 없을 것이다"라고 진단했다.

문제는 시뮬레이션에 넣은 화산재는 아주 짧은 시간 폭발로 나온 분출물의 양이어서 실제 상황은 이와 크게 다를 수 있다. 말하자면 백두산 분화는 짧은 시간 한 번 폭발한 것이 아니라 최소 이틀 이상 지속적으로 엄청난 양의 화산재를 25~35km 성층권에 올려 보냈다. 이럴 경우 편서풍을 따라 확산되는 화산재 띠는 끊어지지 않고 더욱 두터워지면서 북반구를 덮게 된다. 가볍고 미세한 화산재의 성질상 최소 수년 동안 북반구 성층권 하늘을 채우며 햇볕의 투과를 방해한다.

냉해와 굶주림을 낳다

백두산 천년분화가 일어난 뒤 주변 지역과 지구의 기상과 기후에는 어떤 영향을 끼쳤을까? 중국 국가지진국 웨이 하이첸 박사는 2003년 「중국 활화산과 그 재해」라는 논문을 통해 백두산 화산 폭발이 남긴 기후 변화를 복원해 냈다. 논문에서는 백두산을 주변으로 한 만주 지역과 함경도, 량강도 등 한반도 중북부 지역 등은 평균 기온이 2.25도 떨어졌다. 그리고 지구의 북반구 온도도 0.85도가량 하

● 하늘에서 본 백두산.
1,000년 전 백두산이 폭발하면서 분출한 화산재로 인해 백두산을 주변으로 한 만주 일대는 연평균 기온이 2.25도라는 기록적인 하락을 보였다. 이와 함께 북반구의 평균 온도도 1도가량 떨어졌다. 0.5도 기온이 내려가면 식물의 생육기간이 10일가량 늘어난다는 연구 결과가 있다. 그러나 온도 하락이 장기화될 경우 식물은 성장이 멈추면서 수확이 어려워진다. 무엇보다 지구온난화를 이야기할 때 100년 사이에 0.6도가 상승했다. 이와 비교하면 백두산 화산 폭발로 인한 기온 하락의 영향을 짐작하기는 어렵지 않다. 사진은 다큐멘터리의 한 장면.

락했다고 보고했다. 특히 지구 전체적으로 요동치는 기후 변화가 6년 동안이나 지속되었다.

이로 인한 가장 큰 문제는 백두산을 주변으로 한 심각한 농작물 피해를 들 수 있다. 백두산 화산 폭발이 일어난 시기는 '중세 온난기'에 해당한다. 그 시기 그린란드는 지금처럼 눈과 얼음이 덮이던 곳이 아니라 글자 그대로 푸른 풀들이 가득 덮였던 때였다. 이로 인해 백두산이 위치한 북위 40도 부근도 작물의 종류와 생육이 따뜻한 날씨만큼이나 빨리 그리고 많은 수확량을 낼 수 있어 비교적 풍족한 생활이 이어졌을 것이다.

경희대 김종규 교수는 중세 온난기에 찾아온 화산 폭발은 당시 사람들에게 훨씬 더 충격으로 다가왔을 것으로 분석했다. 즉 전쟁처럼 지속적인 긴장이 계속될 때 어떤 사건이 발생하면서 다가오는 심리적 충격보다는 조용하고 평온한 시기의 충격이 훨씬 더 클 수 있다. 심리적인 영향 즉 민심에 더 큰 영향을 미치는 것이다.

발해인의 주식인 쌀은 당시 이곳에서 이모작까지 가능했다. 하지만 충격적인 분화와 함께 떨어지는 화산재로 일차적으로 모든 농작물이 말라 죽는다. 이후 한여름에도 겨울옷을 입어야 할 정도로 기온 하락이 계속되고 일 년 내도록 서리가 내리면서 농작물 성장은 불가능해진다. 이것이 하루 이틀이 아닌 수년 간 지속된다. 일단 창고에 곡식이 바닥나는 순간 굶어 죽는 자가 속출하고 대부분의 샘들은 화산재로 오염이 되면서 마실 물조차도 구하기 힘들어졌을 것이다. 혹 마실 물을 확보했더라도 닥쳐오는 굶주림에 유랑민이 될 수밖에 없다. 굶어 죽지 않으려면 어디론가 떠나야 한다.

이 과정에서 질병과 역병이 찾아오지만 마땅한 약재가 되는 식물들도 모두 죽어 버려 대처할 방법도 없어진다. 아사자가 속출하고 곳곳에선 도적들이 창궐한다. 화산재의 직접적인 영향과 먼 거리라도 이런 기후 하락으로 인한 영향에서 자유로울 수는 없다. 급격한 온도 변화를 겪지 않는다 해도 일조량이 조금만 약해져도 벼는 성장에 장애를 입는다. 특히 벼 이삭이 잘 여물지 않으면 병해충이 기승을 부리고 수확량은 급격하게 떨어질 수밖에 없다. 온도 하락이 장기화되면서 가축들은 먹을 것이 없어지면서 굶어 죽는다. 충북대 강철성 교수는 북반구의 평균 온도가 1도가량 하락한다는 것은 식물과 동물을 막론하고 장기적으로 엄청난 충격이 먹이 사슬로 확산될 수밖에 없

● 중세 온난기는 북위 60도에 위치한 지역에도 작물 생산이 가능해지면서 전 지구적으로 비교적 풍족한 생활을 누릴 수 있었다. 그러나 사람이 받는 충격은 위기의 상황보다는 중세 온난기처럼 평온기에 갑자기 찾아올 때 더 클 수밖에 없다. 10세기 백두산이 폭발할 때는 중세 온난기에 해당한다. 사진은 러시아와 몽골 접경지대의 대평원.

을 것이라고 말했다.

지중해 미케네 문명의 몰락도 외적의 침입이 아니라 외적의 침입을 유발한 기후 변동 때문이었다. 기원전 1,200년쯤 엘니뇨로 인한 기온 하락과 가뭄은 인도-아리안족을 발칸 반도로의 이동을 낳았고 그곳에 있던 그리스인들은 연쇄적으로 에게 해가 있는 히타이트 제국을 멸망시킨 것이다.

세계적인 기후학자인 휴버트 램은 "지금 살아 있는 사람들이 만들

● 기온이 내려가면 작물 가운데 가장 먼저 피해를 받는 것은 벼다. 벼는 아열대 식물로 적도 부근 등지에서 1년에 삼모작이 가능하다. 그리고 중세 온난기 따뜻한 날씨 때문에 만주 지역도 이모작이 가능했다. 그러나 기온이 내려가면 냉해를 입기 쉽다. 사진은 인도네시아의 계단식 논이며, 열사의 나라지만 지난 탐보라 화산 폭발 때 벼는 모두 냉해를 입었다고 전해진다.

어 놓은 삶의 기준은 결코 영원하지 않을 것이라고 단언한다. 하지만 영원할 것이라고 믿는 삶의 방식을 송두리째 뒤바꿔 놓는 가장 무시무시한 요인은 날씨다. 전쟁도 변화시키지 못하는 것을 날씨는 해낼 수 있다"라며 기상과 기후 변화가 인류 문명에 미치는 영향을 표현했다.

유난히 춥고 이상 기후 현상이 많았던 1300년부터 1850년까지 약 550년간을 '소빙기'라고 부른다. 중세는 기후가 온화해서 사람들이 살기가 좋았다. 바이킹들이 지금은 동토인 그린란드에 정착했고, 영국은 해발 350m 고원에서도 농사를 짓는 등 태평성대를 구가했다. 그러나 1300년경부터 기온이 급격히 떨어지기 시작했다. 전 유럽에 기근이 발생해서 굶어 죽는 사람들이 속출했다. 소빙기는 이렇게 갑자기 시작됐다.

소빙기 동안 유럽은 혹독한 추위와 폭우, 그리고 이로 인한 기근으로 고초를 겪었다. 엎친 데 덮친 격으로 페스트가 만연해서 프랑스와 영국은 인구의 절반이 죽었다. 알프스 산맥 위에 머물러 있던 거대한 빙하가 커지면서 계곡 아래 마을을 덮쳤다. 사람들은 이런 엄청난 재앙을 마녀의 탓으로 돌리고 멀쩡한 여성들을 마녀로 몰아 죽였다. 나름대로 대책을 세운 나라도 있었다. 네덜란드는 바다를 막아 농토를 확장했고, 영국은 지중해 연안의 국가들로부터 식량을 수입하고 추위에 강한 감자를 아일랜드에 보급했다. 별다른 대책을 세우지 못한 핀란드의 경우 몹시 추웠던 1696~1697년간 전체 인구의 1/3이 죽었다. 밀농사에만 매달렸던 프랑스에선 거듭된 흉작으로 식량 폭동이 자주 발생했고, 급기야는 1789년에 대혁명이 일어나고 말았다.

이 시기 조선왕조에도 가뭄으로 인한 기근이 계속되던 때였다.

우리 역사상 가장 큰 흉년으로 기억되는 해는 현종이 왕위에 오른
지 열두 해를 맞이하는 1671년 신해년이었다. 『성호사설』은 당시의
상황을 이렇게 적고 있다.

이른 봄 충청도 감사 이홍연의 보고서 한 장이 한양에 도착했다. 자
신의 관내 연산고을에 사는 사가의 계집종 순례가 다섯 살 난 딸과 세
살 난 아들을 삶아 먹었다는 보고였다. 숙종 21년인 1695년 4월에 나
라 전체에 큰 가뭄이 들었다. 거센 바람이 연이어 불고 서리가 여러 번
내려 보리와 밀이 여물지 않았으며 파종 시기를 놓쳐 큰 흉년이 들었
다. 그 해 가을에는 곡식을 추수할 계절이 되었는데도 곡식이 없어 떠
돌아다니면서 걸식하는 자가 길에 가득하였다. 다음해 봄이 오기도
전에 살아남을 사람이 별로 없는 참혹한 지경이었다. 이렇게 되자 평
안도의 굶주린 백성 한 명이 실성하여 사람 고기를 먹었다. 또 용천부
에서는 영춘과 예합이 양녀였던 기생을 짓눌려 죽이고 그 고기를 먹었

다. 이억금은 초장(草
葬)을 파내어 시체의
옷을 벗겨 입고 그 고기
를 먹기도 하였다.

● 인육을 구워 먹는 삽화. 18세기 일본 텐메이(天明)
시대의 그림으로 두 사람이 마주 보며 인육을 먹고
있다. 대기근이 든 이 시기 농작물의 수확이 불가능
해지면서 굶어 죽은 사람을 먹는 것은 살아 있는 자
들의 거의 유일한 생존 방법이었다.

혼란의 '중세 온난기'

중세 온난기에 백두산 폭발은 주변 정세에도 많은 영향을 줄 수밖에 없었을 것이다. 그렇다면 이 시기 동북아 정세는 어떤 방향으로 흘러가고 있었는가?

발해의 융성은 당과 돌궐의 세력 균형을 기반으로 한 것이었다. 그런데 두 세력이 모두 쇠퇴하면서 발해를 둘러싼 국제적 환경은 크게 불안해졌다. 907년 중국에서 당이 멸망하고 5대 10국의 혼란기가 시작되었다. 이 시기를 분열시대라고 하여 대략 907~960년 즉 송나라가 건국하기 전까지의 기간을 말한다. 북방에서는 906년 야율아보기가 거란의 여러 부족을 통합하여 나라를 세우고 동북의 여러 족속들

● 발해는 당과 돌궐의 서로 미묘한 세력 균형 속에서 성장했다. 그러나 거란왕 야율아보기가 정권을 잡으면서 상황은 달라진다. 야율아보기는 정벌 전쟁을 일으키면서 "이른바 두 가지 일 중 하나(서방정벌)는 이미 끝냈지만 발해가 대대로 내려오는 원수로서 아직 복수를 하지 못하고 있으니 어찌 안주할 수 있겠는가?"라며 조칙을 내려 보낸다. 이후 군사적 요충지인 요동 정벌에 이어 부여성 공략에 모든 군사력을 동원한다.

을 복속시켰다. 하지만 거란은 주변의 여러 부족들 가운데 유독 발해만을 복속시키지 못하고 있었다. 이는 거란이 서방 공략에 열중하여 발해 공략에는 적극적이지 않은 점도 있었지만 그만큼 발해가 동북아의 강자였음을 말한다. 그러나 거란이 중국 진출에 총력을 기울일수록 배후의 발해는 커다란 부담으로 작용했다.

924년 6월 거란의 서방 정벌이 일단락되면서 발해와 거란의 전면전은 일촉즉발의 상황까지 치달았다. 925년 요동을 공략한 거란은 그대로 발해 정벌을 단행했다. 거란군이 부여부에 도착하자 발해는 3만의 군사를 보내 대항했으나 농안 주변에서 격파당했다. 결국 926년 1월 3일 부여부는 함락당하고 말았다. 거란군은 6일 후에 발해의

수도인 홀한성을 포위했다. 홀한성은 거란의 공격을 버텨내지 못하고 항복했고 고구려에 이어 만주를 지배했던 발해는 멸망을 고하게 되었다.

● 발해와 거란의 전쟁처럼 당시 동아시아는 서서히 혼란기로 접어들고 있었다. 중국과 만주, 한반도, 일본까지 도미노처럼 세력의 균형은 크게 달라지면서 전쟁이 일상화되고 있었다.

발해를 멸망시킨 거란은 홀한성에 동단국을 세웠다. 그러나 동단국 일대에서 발해 유민의 부흥운동이 거세지자 거란은 927년 동단국의 수도를 요양으로 옮겼다. 대신 홀한성 일대에는 후발해가 탄생했다. 발해 부흥운동의 구심점이었던 후발해는 후당에 7차례나 사신을 보낼 정도로 활발한 외교활동을 벌였다. 10세기 중엽에는 서경 압록부가 있던 압록강 중류에서도 발해 유민들이 정안국을 세웠다. 그러나 1003년 거란의 공격으로 후발해가 무너지면서 발해의 부흥운동은 사실상 구심점을 잃게 되었다. 거란은 발해를 멸망시킨 자신들이 발해가 계승한 고구려 영토에 대한 연고권을 가지고 있다고 주장했다. 이는 후일 거란이 고려의 북진 정책이 자신들이 연고권을 지닌 고구려 영토에 대한 침탈이라는 명분을 내세우며 고려를 침공하는 배경이 되었다.

이 당시 중원 대륙 또한 복잡한 구도로 흘러간다. 907년 주전충은 수나라에 이어 618년 건국했던 당나라를 멸망시키고 후량을 건국하면서 중국은 오대십국시대의 혼란기로 빠져든다. 923년에는 진왕(晉王) 이존욱이 후량을 멸망시키고 후당을 건국한다. 이러한 멸망과 건국은 960년 조광윤이 송(宋)나라를 건국할 때까지 먹이 사슬처럼 수년을 주기로 되풀이되는데 979년 중국을 통일하면서 오대십국은 끝이 난다.

이 시기 일본은 '헤이안(平安)시대' 즉 '평씨(平氏)'의 시대로 통한다. 794년부터 1192년으로 이어지는 이 시기는 이름만큼 그렇게 평안하지는 않았다. 특히 10세기 들어 당과 발해가 망하는 것을 멀리서 지켜보면서 적잖은 충격을 받았을 것으로 보인다. 국내적으로는 천황의 권위가 추락하였으며 이를 대신해 귀족 세력인 후지하라씨에 의해 섭정정치가 이루어지고 있었는데 귀족 세력이 중앙에서 전횡을 휘두르면서 반발의 기운이 점차 확산되기 시작했다. 이때의 일본사연표를 보면 935년 쇼헤이·덴기요의 난 즉 천경의 난으로 일어난다. 일본에서 지방의 토호들은 이 난을 통해서 이른바 '무사(武士)'로 성장하면서 이후 일본에서 전개되는 봉건적 정치 질서를 주도해 나가게 된다.

한반도 내의 정세는 후삼국시대로 패권다툼이 치열하다. 궁예와 견훤의 후고구려와 후백제의 건국으로 후삼국시대가 도래한 가운데 918년 왕건이 고려를 건국하면서 그 후 936년 삼국을 통일한다. 중원의 오대십국이 분열기로 얽혔으며 여기에 한반도와 만주는 발해와 후삼국, 고려로 얽히고 그 영향은 또 일본까지 전달되었다. 10세

● 전쟁은 배가 부르면 일어나지 않는다. 고금을 막론하고 전쟁을 일으키는 쪽의 이유는 민심 유도용이자 뺏기 위한 것이었다. 특히 식량 사정이 넉넉하지 못해 백성들의 고픈 배를 방치하면 왕조의 존폐가 걸릴 수밖에 없어 외부로 약탈과 침략 전쟁으로 이어질 수밖에 없다. 이런 사정으로 보면 10세기 백두산 천년분화로 황폐해진 만주 지역의 사정은 주변 왕조들의 움직임에 적지 않는 영향을 줄 수밖에 없다.

기 들어 동아시아는 9세기 말 평온기를 지나면서 급속하게 주변 정세가 소용돌이치기 시작한 것이다. 모름지기 전쟁은 풍족할 때보다는 부족할 때 일어난다.

러시아 산불로 본 백두산 화산재

2003년 4월 초 러시아 바이칼 호 동남쪽 타이가 숲에서 산불이 났다. 러시아는 전 세계 타이가 숲의 30% 가까이를 차지할 정도로 방대한 산림 자원으로 이뤄져 있는데 이 지역은 러시아 산림의 3분의 2가 몰려 있는 곳이다. 쉽게 진화될 것 같았던 불은 바람과 바싹 마른 숲을 태우며 맹렬히 확산되기 시작했다. 5월이 되면서 불은 더욱 번지면서 5월 말까지 이어져 1천5백만ha를 태웠다. 그 면적만 이라크 전체 면적에 거의 육박하는 수준이었다. 여기서 많은 학자들은 산림을 태우면서 발생한 연무, 즉 연기가 지구에 미치는 영향을 분석했다. 독일 뮌헨대학의 다모아 교수 등 생태학자와 환경공학자, 기상학자 등 4명이 모여 연무가 어떻게 확산되었는지를 추적했다.

이들 학자들은 산불이 맹렬히 타오르는 5월 13일부터 16일 사이에 피어오르는 연무를 위성을 통해 추적하기 시작했다. 그리고 그 결과는 지금까지 예상했던 것과는 전혀 다르게 밝혀졌다. 즉 한 지역에서 산불로 발생하는 연무는 바람을 타고 옅어지면서 사라질 것이라는 예측과는 달리 북반구 전체에 많은 영향을 준 것으로 확인되었다.

13일 바이칼 호의 동쪽에서 강력하게 타오르면서 발생해 하늘로 솟아오른 연무는 8일 뒤에 알래스카에서 관찰되었다. 산불이 발생한 지역보다 북쪽으로 10도가량 더 상승한 북위 64도 부근에서 관측된 것이다. 그리고 11일 뒤에는 캐나다 북서 해안인 수피리어 호를 지나 쿼벡 주까지 뻗쳤다. 그리고 연무는 동쪽으로 부는 강한 바람을 타고 그린란드의 남쪽 지점을 통과해 5월 24일 아이슬란드에서 관측되었다. 14일 뒤 연무는 대서양을 건너 5월 25일 스칸디나비아 반도를 지났다. 그리고 16일 뒤인 5월 17일 노르웨이의 남쪽과 유럽을 지나 다시 러시아로 들어갔다. 바이칼 호에서 발생한 산불의 연기가 단 17일 만에 지구를 한 바퀴 돌아 나온 것이다.

관측 결과 이 연무는 화산재와는 약간 달리 고도 5km 이내에서 바람을 타고 확산되었던 것으로 확인되었다. 성층권까지 화산재를 밀

● 러시아 연무가 편서풍을 타고 태평양을 건너가고 있는 위성사진.
긴 띠를 이루며 구름같이 보이는 것이 산림을 태우고 공기 중으로 뿜어져 나온 연기다. 이 연기는 5km 이내의 높이로 17일 만에 지구를 한 바퀴 돌아 나온 것으로 관측됐다. (사진 NASA)

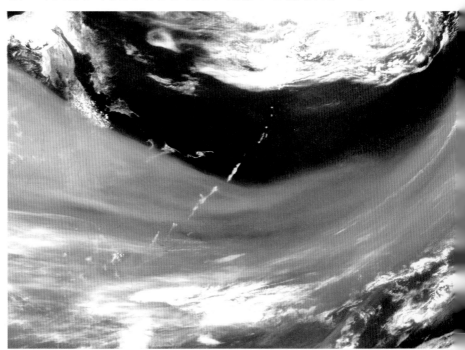

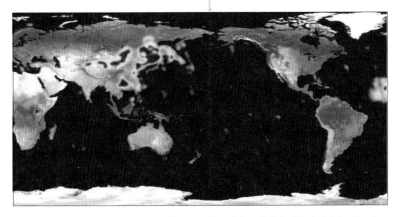

● 대기 중으로 뿜어져 나온 연무도 에어로솔과 같은 역할을 하면서 기후에 영향을 주는 것으로 확인됐다. 그러나 연무는 성층권으로 올라가는 힘을 받지 못하면서 지상 5km 이내에서 영향을 미치는 반면 대규모 화산 분화는 성층권에 떠돌면서 영향을 주기 때문에 지구 기후 매커니즘에 작용하는 영향이 훨씬 클 수밖에 없다. 사진은 러시아 연무의 농도로 지구를 한 바퀴 돌아 나온 연무가 아프리카 북부와 아라비아 반도, 인도, 동남아시아까지 확산된 것을 볼 수 있다.

어 올리는 화산 폭발과는 다른 것이다. 그러나 이런 상황에서도 화산재는 북반구에서 부는 편서풍의 영향으로 빠르게 확산되었다. 문제는 연무가 확산된 지역을 지도로 펼치자 적도 이상의 북반구 전체가 연무의 영향권 안에 들어가 있었다.

이 보고서에서는 러시아 산불이 발생시킨 연무의 영향에 대해서는 언급을 하지 않았지만 다른 보고서를 보면 지구 기후에 영향을 주는 것으로 나왔다. 즉 산림을 태우면서 나오는 일산화탄소와 질소산화물이 오존층 등에 영향을 미쳐 지구 기후에 많은 영향을 준 것으로 나와 있다.

필자는 산불에서 나온 연기의 확산 모델을 백두산 화산 모델로 추론해 보았다. 즉 백두산 천년분화 때 성층권으로 올라갔던 화산재가 에어로솔로 북반구의 기후를 뚜렷하게 변화시켰을 것은 분명하다. 여기에 성층권까지 올라가지 않았던 많은 화산재 분출물 또한 북반구 기후에 영향을 미쳤을 수밖에 없다는 것이다. 성층권에서 제트기류를 타고 확산된 화산재는 굵은 띠를 이루며 특정 지역에 집중적인 피해를 입혔던 반면 성층권 아래인 10km 미만에 뿜어져 나와 있던 화산재는 확산되는 범위가 넓게 나올 수밖에 없다. 즉 적도 아래로는 확산되지 않더라도 러시아 산불 연무에서 보듯 북반구 전체로 확산되면서 기후 변화를 일으켰을 가능성이 아주 높은 것이 된다. 이 화산재는 길게는 10년 가까이 성층권에서 떠다니는 화산재보다 그리 오래 대기권에 남아 있지 않지만 문제는 그 농도가 짙은 곳을 주변으로 생명체 특히 호흡기를 지닌 동물들과 광합성을 하는 농작물에 상당한 영향을 주었을 것이다.

일몰과 일출의 공포

필자가 지금까지 보아 왔던 가장 아름답고 붉은 노을은 2001년 늦여름 부산 낙동강 하구의 모래섬에서였다. 해를 가린 구름은 밝은 흰색으로 그 둘레로는 환한 노란색이 그리고 구름의 높이에 따라 층층이 다른 빛깔을 내려 보냈다. 맨 아래에 떠 있는 구름은 너무 밝은 노란색으로 그 중간은 붉은색, 그리고 가장 높이 떠 있는 구름은 붉다 못해 검은색으로 치장하고 있었다. 하늘을 휘돌아 머리 위도 그리고 그 반대편으로는 너무 푸른 하늘색인 파란색이 흰 구름과 색의 대비를 이루었다. 그리고 바다는 하늘에 떠 있는 노을을 고스란히 받아 들여 천지는 노을이 내뿜는 조화로 한바탕 색의 잔치를 연출

● 미세한 가루로 공기 중에 떠다니는 화산재는 햇빛을 산란시키며 아침과 저녁노을의 색깔을 바꿔 놓는
다. 하늘의 파란색들은 대부분 제거되면서 붉은색들이 그 자리를 대신하게 되는데 화산재가 많이 떠다니
는 큰 화산 폭발일수록 이런 현상은 수년에서 10년 가까이 이어진다. 굶주림과 전쟁이 일상화되면서 붉어
진 노을은 불안을 넘어 하늘의 재앙이라는 공포로 이어질 수도 있다.

● 화산재가 햇빛을 산란하지 않으면 이처럼 노을은 파란색이 많이 살아 있다.

하고 있었다. 당시 필자는 자연의 시간이 만든 색의 향연에 취해 오랜 시간 노을을 바라보았던 기억이 아직도 생생하다.

그러나 1991년 필리핀 피나투보 화산이 폭발한 뒤 적도 부근에 사는 전 세계 사람들은 아침과 저녁노을을 두려워하기 시작했다. 화산재가 조금씩 걷히면서 아침과 저녁 수평선으로 너무 붉은색의 노을이 천지를 뒤덮기 시작한 것이다. 지금까지 보아 왔던 노을에 붉은 물감의 농도를 열 배는 더 첨가한 것처럼 하늘은 불타올랐다. 이 같은 현상은 화산이 폭발한 이후 2년간이나 지속되면서 영문을 모르는 많은 사람들은 불안을 넘어 공포를 느꼈다.

이는 성층권으로 올라간 화산재가 빛을 산란시키면서 생기는 물리적인 현상이다. 즉 화산재가 성층권에서 하나의 띠를 형성하면서 태양의 통과를 막는 과정에서 지표면에 도달하는 푸른빛을 산란시켜 버려 붉은색이 훨씬 더 붉어 보이는 것이다.

1883년 5월 인도네시아 크라카타우 화산의 폭발로 화산재들은 3년 동안이나 대기에 머물면서 햇빛을 굴절시켰다. 최초 몇 주 동안 태양은 화려한 녹색으로 보였으며 특정 지역에서는 파란 구슬처럼 보였다. 특히 그 해 연말부터 3년 동안 영국에서는 가장 화려한 일몰이 연출되었으며 영국 화가 윌리엄 애스크로프트가 이를 파스텔화에 담아 기록했다.

경희대 지질학과 김종규 교수는 빛과 노을의 산란 원리를 몰랐던 10세기에는 치명적인 붉은색이 하늘을 뒤덮으면 사람들의 심리는 평상심을 유지하기 힘들었을 것으로 분석했다. 즉 자연현상이 뚜렷한 색깔로 급변하고 이것이 장기화되면 심리적 불안은 심각한 동요로 이어질 수도 있는 것이다.

　　　필자는 2006년 9월 활화산이 들끓고 있는 러시아 캄차카에
서 정말 운이 좋게도 화산재가 폭발하는 장면을 헬기에서 직접 목격
할 수 있었다.

　해발 1,486m인 카림스키 화산 위를 군용 헬기로 날아가자 갑자기
흑룡이나 낼 법한 알 수 없는 저음의 울음소리가 시끄러운 헬기 프로
펠러 소리를 넘어 들리더니 화산재를 수직으로 뿜어 올려 보냈다. 약
간 회색을 띤 검은 화산재는 마치 산의 무게에 눌려 있던 검은 용이
몸부림을 치듯 연기를 꼬며 하늘로 솟아오르는 형상이었다. 동행한
러시아 화산학자는 이 정도 폭발은 한두 시간 단위로 볼 수 있는 현

● 카림스키 화산의 분출 장면.
러시아 캄차카에서 가장 왕성한 분화를 일으키고 있는 화산이다. 6,100년 전 거대한 분화로
3km의 칼데라 호수가 생겨난 뒤 다시 폭발하면서 그 위로 높이 300여m의 봉우리가 솟아올랐
다. 사진으로 보이는 곳은 그때 생겨난 고깔 모양의 성층화산 봉우리다. 해발 1486m로 캄차
카에 있는 화산 가운데 비교적 낮지만 헬기가 아니면 접근이 불가능하다. 20세기 들어서만도
이 화산은 24번의 큰 폭발을 일으켰으며 계속 진행 중이다. 뿜어져 나오는 검은 화산재는 산
의 무게에 눌려 있다 탈출하는 흑룡과도 같은 모습이다.

상으로 화산재의 높이만 200m가 넘는다고 설명했다. 곧이어 검은 용은 더 이상 하늘로 날아갈 힘을 받지 못했는지 옆으로 조금씩 퍼지면서 서서히 흰색으로 색깔이 바뀌었다. 검은 용이 흰 용이 된 것이다. 이는 폭발의 압력으로 솟아오른 수증기가 화산재에 이어 올라온 것이다. 하지만 말 그대로 연기처럼 사라진다. 화산재의 알갱이가 워낙 작아 어디로 사라졌는지 관찰하기란 전혀 불가능했다.

● 화산재가 분출되고 나면 잠시 뒤 분화구에서는 흰색의 수증기가 올라온다. 공중으로 뿜어져 나온 화산재는 미세한 가루로 서서히 공기 중으로 사라진다. 흑룡이 백룡으로 변하는 순간이다. 이렇게 눈에 보이지 않는 화산재는 대기를 떠돌다 서서히 지표면에 내려앉게 된다.

● 식물의 잎에 달라붙어 있는 화산재. 화산재 그 자체는 식물의 생장에 필수적인 영양소가 되지만 잎에 달라붙으면 광합성을 방해하면서 잎이 말라 죽어간다.

● 러시아 캄차카 지진연구소의 지진 관측 장면. 여기에서는 지진 관측을 통해 화산 폭발의 장소와 규모를 파악한다. 이를 통해 화산재의 분출 규모를 예측하면서 비행항로에 통보하게 된다. 사진은 지진연구소를 촬영 중인 다큐멘터리 제작팀.

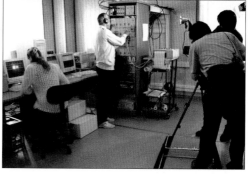

헬기가 화산이 분출된 주변 지역에 착륙해 보니 모든 잎들은 화산재로 뒤덮여 있으면서 서서히 말라가고 있었다. 소규모 분출로 열기도 거의 없었지만 하늘로 분출된 보이지 않는 작은 가루들이 서서히 중력의 힘으로 떨어지면서 주변 산림과 목초지를 덮고 있는 것이다. 화산재가 식물의 잎으로 떨어지면 광합성을 하는 기공이 막혀 버리면서 성장에 큰 장애를 받는다. 함께 동행했던 러시아 화산생태학자인 에고로브 알렉세이 박사는 '다람쥐와 불곰 등 화산 주변에 서식하는 많은 동물들의 수명은 다른 지역보다 짧은 것으로 조사됐으며 특히 숨겨 있는 불곰의 허파를 절개하자 미세한 화산재들이 허파에서 다량으로 발견된다' 며 호흡기와 광합성 생명체에게 큰 위협이라고 강조했다.

러시아 지진연구소의 주된 업무는 지진 관측을 통해 화산 폭발의 징후를 찾아내는 것과 함께 화산에서 내뿜는 화산재가 어디까지 올라가는 지를 파악하는 것이다. 캄차카는 태평양을 오가는 많은 비행기들의 항로가 미로처럼 얽혀 있는 곳이다. 그러나 해발 3,000m가 넘는 캄차카의 많은 화산들이 폭발하면서 화산재가 비행기 항로까지 올라오기 때문에 각국 주요 관제소에 그 사실을 통보해줘야 한다. 성층권으로 올라간 화산재가 비행기 엔진에 빨려 들어가면 엔진 손상으로 심각한 영향을 받을 수가 있기 때문이다. 지난 1980년 이후로 100대 이상의 민간 항공기들이 예측하지 못한 화산재 구름으로부

● 항공기는 연료를 아끼기 위해 성층권에 흐르는 제트기류를 이용한다. 하지만 화산 폭발로 화산재가 이 비행 항로에까지 도달하면서 엔진에 빨려 들어와 비행기 동력이 멈추는 일도 일어나고 있다. 비행 항로에서 화산재의 이동 움직임을 파악하는 것은 필수가 됐다. 사진은 일본 아오모리 상공을 지날 무렵의 성층권 모습.

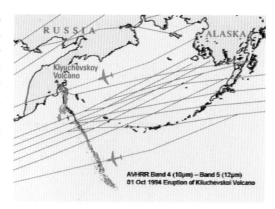

● 러시아 캄차카 지진관측소에서 제작한 화산 분출과 비행항로. 1994년 해발 4,750m의 클루체프스키야 화산이 폭발하면서 그 화산재의 이동경로를 표시한 그래프다. 파란 띠는 화산재의 이동경로며 빨간 선들은 비행항로를 표시한다.

AVHRR Band 4 (10μm) – Band 5 (12μm)
01 Oct 1994 Eruption of Kliuchevskoi Volcano

터 심각한 피해를 입었으며 피해액만 매년 2억 5천만 불 이상으로 집계되고 있다.

화산재가 비행기 엔진의 터빈에서 녹아 항공기의 동력이 끊기면서 사고로 이어진다. 특히 기내로 화산재의 유독성 연기가 들어오면서 호흡에 심각한 장애를 일으킨다.

백두산 천년분화의
또 다른 기억

홉스골의 공기는 티 하나 찾아볼 수 없을 정도로 푸르다.
한반도 10월 맑은 날을 10배 정도 더 청소해 놓은 것처럼 공기는 맑다.
하늘의 우물물이 있다면 아마 홉스골일 것이다.

몽골 홉스골, 천년분화의 충격을 받다

　　몽골 북서쪽 해발 1,645m 산악지대에 태고의 신비가 가득
한 호수 홉스골(Hovsgol)이 있다. 지질학적으로 세계에서 가장 맑
고, 많은 수량을 가졌다는 러시아의 바이칼 호와 연결되어 있다.

　　필자는 2006년 8월 여름 홉스골을 찾아 떠났다. 몽골 울란바트로
공항에서 경비행기로 한 시간여를 날아가자 우리네 시골 시외버스
터미널만 한 자그마한 공항이 나타난다. 여기서 금방이라도 멈춰 설
것 같은 6,70년대 러시아 군용차를 타고 비포장 길을 달린다. 가는
길에 해는 떨어지고 지평선 너머로 너무도 둥근 달이 떠오른다. 간간
히 검은 그림자들이 달리는 차량 저 멀리로 왔다 갔다 한다. 늑대 무

리라고 차량 기사는 설명한다. 만약 사고가 나 차량이 멈춰 서면 늑대를 경계해야 한단다. 가도 가도 검은 대지와 희뿌연 하늘이 맞닿은 지평선만 보이는 길을 5시간을 달리자 기어이 홉스골이 나타난다.

8월 홉스골의 공기는 티 하나 찾아볼 수 없을 정도로 푸르다. 한반도 10월 맑은 날을 10배 정도 더 청소해 놓은 것처럼 공기는 맑다. 호수는 푸른 하늘을 고스란히 담고 있는 듯 투명함이 눈이 부시고 시릴 정도다. 하늘의 우물물이 있다면 아마 홉스골일 것이다. 홉스골은 세계의 여느 다른 호수와는 달리 외부의 수원이 이 호수로 들어오지 않는 것이 특징이다. 즉 큰 강과 하천들이 홉스골로 흘러들어오는 것이 아니라 백두산 천지처럼 홉스골에서 물이 흘러 나간다. 홉스골에서 흘러나온 물은 '에제린'이라는 이름의 강을 이루며 동북쪽에 위치한 해발 455m 바이칼 호수로 흘러들어간다.

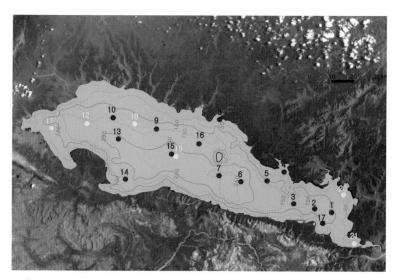

● 홉스골 위성 그래픽. 물길은 유일하게 남동쪽 끝에 있는 부분으로 흘러 나간다. 정대교 교수 팀은 국내에서 유일하게 동아시아 몬순 기후의 과거 모습을 복원하기 위해 이곳 홉스골 21개 지점에서 퇴적층을 끌어 올렸다.

● 지구상에서 가장 투명한 민물을 찾으라면 바이칼 호와 바이칼 호의 원수가 되는 이곳 몽골 북서 고원의 홉스골이다. 물과 하늘색이 같아 그것을 구분해 줄 수 있는 유일한 것은 호수 주변을 둘러싼 푸른 산이다. 최대 수심 300m까지로 깊은 홉스골은 외부로부터 들어오는 물길이 없다. 따라서 이곳 호수에 한 번 가라앉은 물질은 특별한 교란 없이 고스란히 바닥에 쌓이게 되며 이 퇴적층을 시기별로 분석해 보면 과거 기후를 복원할 수 있는 타임캡슐이 되는 것이다.

이런 지리적인 영향으로 홉스골로 날아온 물질들은 외부의 큰 교란 없이 고스란히 퇴적층에 쌓이게 된다. 즉 홉스골의 퇴적층에는 과거의 기록들이 고스란히 남아 있는 것이다.

필자는 강원대 정대교 교수 그리고 한국해양연구원 석봉출 박사와 함께 이곳을 찾았다. 정 교수팀은 과거 2만 년 전부터 동아시아에 부는 몬순 기후의 변화를 추적하기 위해 그 단서를 홉스골에서 찾기로 한 것이다. 홉스골 퇴적층을 시추공으로 파 올려 그 퇴적층 분석을 통해 과거의 기후를 복원한다는 것이 정 교수의 프로젝트다.

홉스골에는 민물에 사는 3종의 개형충과 해양 생물로 알려진 유공충이 산다. 이들 생물들은 호수의 환경이 좋으면 대량 번식하고 석회질인 껍질도 튼튼하며 잘 부서지지 않는 것이 특징이다. 하지만 갑작스런 기후 변화 등으로 인해 호수의 환경이 나쁘면 번식에 차질이 생기면서 개체 수는 크게 줄고 껍질도 깨지거나 구멍이 나는 모습을 나타낸다. 시추공을 뚫어 건져 올린 퇴적층을 시기별로 나눠서 그 시기에 개형충과 유공충의 생육상태를 분석하면 그 시기의 기후 환경을 알 수 있게 된다.

● 오른쪽 선글라스를 낀 사람이 정대교 교수, 왼쪽이 한국해양연구원의 석봉출 박사. 두 전문가는 홉스골 퇴적층 연구를 통해 과거 기후를 복원하고 그 복원을 통해 미래 동아시아 기후의 변화를 예측하는 것이 무엇보다 중요하다고 강조했다.

● 퇴적층을 끌어 올리는 시추공의 모습.

　필자는 정대교 교수에게 1,000년 전 퇴적층의 변화를 관찰해 줄 것을 요청했다. 부경대 수퍼컴퓨터의 시뮬레이션 결과 백두산에서 폭발해 성층권까지 올라간 화산재가 지구를 한 바퀴 돌아 나와 홉스골의 가장 남쪽 상공을 지나갔기 때문이다. 필자는 백두산 화산 폭발로 인해 1,000년 전 홉스골 퇴적층에서 기상과 기후의 변화를 암시하는 어떤 증거가 나올 수도 있다는 예상을 했다.

　문제는 최대 수심 300m가 넘는 곳에 있는 퇴적층을 뚫기란 쉽지가 않았다. 퇴적층에 시추공을 올리기 위해서는 먼저 배를 타고 해당 지점으로 가야 한다. 하지만 홉스골은 러시아에서 수입한 2,000톤에 달하는 상선 몇 대만이 존재할 뿐이다. 이를 한 번 움직이려면 일일이 울란바토르에서 기름을 공수해 와야 하는데 비용은 고사하고 시간이 너무 오래 걸려 기다릴 수가 없었다. 기어이 기름을 가져와도 이번에는 몽골의 지질학자들이 시추를 자체적으로 해 본 일이 없기 때문에 일일이 시추장비를 국내에서 날라 와야 한다. 이렇다 보니 시추장비를 또 배와 연결시키는 작업도 예삿일이 아니다. 연구팀은 이런 난관을 어렵게 극복하고 홉스골 21곳에서 시추공을 뚫는데 성공했다.

시추공을 따라 올라온 퇴적층은 깊게는 5~20cm가량! 하지만 이 길이 안에 23,000년 전의 홉스골 기후 역사가 고스란히 쌓여 있다. 짧은 퇴적층의 맨 위쪽 부분이 1,000년 전의 것이다. 그 길이는 불과 'mm' 단위로 표시할 수밖에 없을 정도로 미세한 두께다. 필자는 정대교 교수에게 관련 부근의 퇴적층에 대한 검사를 의뢰했다. 그랬더니 흥미로운 결과가 나왔다.

이 시기에 해당되는 퇴적층에서 개형충과 유공충의 껍질들이 심하게 깨져 있거나 구멍이 나 있고 특히 그 개체 수도 다른 층에 비해 크게 적었다. 이에 대해 정대교 교수는 "호수의 주변 환경이 악화되면서 호수 내에 사는 생물들의 서식 환경도 나빠져 생장이나 생육 등에 큰 장

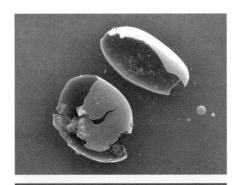

● 어린 개형충 껍질. 껍질의 두께가 얇고 성장하지 못하고 쉽게 깨져 있는 것은 당시 홉스골 주변 기온이 내려가는 등의 서식 환경이 악화됐기 때문이라는 분석이다. 이로 인해 성장하는 개체 수가 줄어들게 된다.

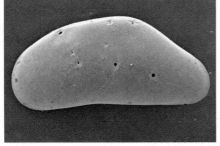

● 구멍이 뚫려 있는 개형충 껍질. 석회질의 껍질에 구멍이 많다는 것은 서식 환경이 악화되면서 껍질이 제대로 단단해지지 않았다는 것을 의미한다.

애를 받을 수 있다"고 말했다. 하지만 취재진은 이 퇴적층대에서 기대했던 백두산 화산재는 발견하지를 못했다.

지구를 한 바퀴 돌아 나오면서 북반구 곳곳에 뿌려졌을 것으로 추정되지만 그 화산재를 찾기란 불가능했다. 하지만 1,000년 전 무렵은 중세 온난기여서 북위 52도, 해발 1,600여m에 달하는 지역에 있던 홉스골에도 비교적 따뜻한 날씨였지만 호수의 환경이 일시적으로 나빠진 것은 알 수 있었다. 이는 백두산 화산 폭발이 몽골 홉스골의 기후 환경을 바꿔 놓았을 가능성을 확인하는 첫 시도였다.

백두산 동굴 종유석에 새겨진 폭발의 순간

필자가 자문을 구하고 있는 교수 가운데 강원대학교 지질학과 우경식 교수는 세계적인 동굴 학자다. 그는 동굴의 종유석 단면에 있는 나이테 분석을 통해 그 시기 외부의 환경을 복원해 내는 세계에

● 천지를 주변으로 한 백두산 고원은 생성 시기가 2천만 년 이상이기 때문에 곳곳에 많은 용암 동굴들이 산재해 있다. 이 사진은 2006년 7월 28일 아리랑 위성 2호가 촬영한 백두산 천지 화면이다. 그러나 진북 방향이 잘못되어 있어 15분 더 시계 방향으로 회전해야 한다.

서 유일한 '동굴 기후 복원 전문가'로 통한다.

종유석은 동굴의 천정에서 아래로 자라 나오는 고드름 같은 모양을 하고 있다. 지표면에서 흘러들어오는 물이 많으면 빨리 자라고 또 가뭄 등으로 수량이 부족해지면 자라는 속도가 느려진다. 이것은 더운 여름 빨리 자라고 추워지면 성장을 멈추면서 생기는 나무의 나이테처럼 동굴 속 종유석에도 나이테가 있다. 그러나 종유석의 나이테는 1년 단위가 아니라 훨씬 더 길 수밖에 없다. 중세 온난기에 빨리 자란 나이테가 소빙기를 겪으면서 성장이 멈추면 그것이 나이테 한 겹이 된다. 그 시기의 간격은 수백 년, 수천 년이 될 수도 있다.

우 교수가 필자에게 건네준 동굴 종유석의 단면 현미경 사진은 가운데가 썩어 없어진 고목나무처럼 텅 비어 있지만 그 주변으로 동심

● 백두산 주변 지형에서 발견한 화산 동굴. 이런 동굴은 화산 폭발로 나오는 용암으로 생겨나기도 한다. 동굴 속은 일 년 내내 일정한 온도를 유지한다. 외부로부터 흘러 들어오는 물과 공기에 떠다니는 미세한 양의 기체의 종류도 종유석이 자라는데 영향을 미친다. (사진제공: 중국 국가지진국 웨이 하이첸 박사)

● 강원대 지질학과 우경식 교수. 우교수는 동굴 생성물들의 성분을 분석하면 그 시대 어떤 환경이 있었는지를 알 수 있다며 종유석은 대표적인 환경 복원의 바로미터라고 강조한다.

● 중국 정부로부터 학술용으로 넘겨받은 백두산 주변 동굴 종유석. 이 종유석의 나이테와 그 속에 들어 있는 성분을 분석하면 1,000년 전 백두산 주변의 기후 복원이 가능해진다.

● 종유석의 나이테 단면. 무수한 나이테들이 동심원을 그리고 있는 모습을 볼 수 있다. 이 한 겹 한 겹은 그 당시 기후 등 환경 변화가 있었음을 말해 주는 표시다.

원을 그리면서 커 나가는 모습이다. 나무의 나이테와는 많이 다른 흡사 보석처럼 아름답다. 수만 년 동안 성장한 흔적인 이 나이테 한 겹 한 겹에는 오랜 세월에 걸친 기후의 변화를 고스란히 지니고 있다. 특히 나이테가 갑자기 변하는 부분은 그 시기 주변 환경에 엄청난 큰 충격이 있었음을 말해 준다.

우 교수는 이 나이테의 층을 떼어 내 분석하면 그 시기 기후 변화를 역추적할 수 있을 것으로 자신했다. 이를 위해 우 교수는 백두산 화산 동굴에서 채취한 종유석을 국내에 들여왔다. 2006년 가을 중국 측으로부터 학술용으로 반입한 종유석은 그 생성 연대가 수십만 년 이전의 것으로 추정된다. 동굴은 백두산으로부터 서쪽으로 40~50km 지점에서 채취한 것이어서 이 종유석의 나이테에 대한 정확한 분석은 백두산 천년분화의 폭발력과 시기를 추적할 수 있는 예상치 못한 증거가 될 수 있는 것이다.

그러나 지금까지 이 종유석을 이용한 분석은 기간이 너무 오래 걸리는 데다 분석 장비도 국내에는 갖춰져 있지 않아 분석 결과를 받아 보기에는 요원한 상태다.

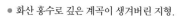

● 화산 홍수로 깊은 계곡이 생겨버린 지형.

화산이 큰 폭발을 일으키면 주변 지역은 화산쇄설물과 화산 홍수가 쏟아지면서 교통로를 차단해 버리기 일쑤다. 보통 계곡으로 큰 강이 생기거나 계곡이 사람이 건너기 힘들 정도로 벼랑이 되면서 왕래를 어렵게 한다. 사진은 러시아 캄차카 화산 지대로 지표면은 풀들이 돋아나고 있지만 화산 홍수로 인한 계곡이 무수히 많이 생겨나면서 걸어서 가기는 불가능한 지형으로 변해 있다.

이심(離心)

왕은 소복을 입고 양을 끌고 대소신료와 함께
거란의 주군에 항복하기 위해 도성을 나왔다. 이것이 발해의 마지막이다.

발해 멸망의 원인을 보는 시각은 여러 가지로 나뉜다.

기록을 보면 발해는 698년에 건국해 926년 정월에 멸망했다. 926
년 정월, 발해의 대궐 홀한성을 거란 군사들이 포위한다. 왕은 소복
을 입고 양을 끌고 대소신료와 함께 거란의 주군에 항복하기 위해 도
성을 나왔다. 이것이 발해의 마지막이다.

거란의 왕 야율아보기에게 항복한 발해 마지막 왕은 시호마저 기
록에 나와 있지 않다. 당시 발해왕은 제15대 대인선이었다. 발해 멸
망은 그가 왕이 된지 20여 년 뒤의 일이었다. 발해 멸망에 대해서는
『요사』 「야율우지전」에 "先制因彼離心 乘而動 故不戰而克"이 나온
다. 원문을 번역해 보면 "거란의 태조가 그 갈린 마음을 틈타 움직이
니 싸우지 않고 이겼다."로 해석된다.

여기서 발해 멸망의 해석을 가장 많이 인용하고 있는 것이 '이심(離心)' 이다. 즉 멀어진 마음으로 '민심이 등을 돌렸다' 는 뜻으로 해석을 하기도 하고 '내부적으로 갈등이 있었다' 로 보기도 한다. 많은 학자들은 이를 내분으로 인한 민심의 이반으로 해석하면서 발해 멸망의 직접적인 원인으로 지목하고 있다. 즉 대인선의 통치시기에 내분이 일어나 혼란스러운 와중에 거란의 대대적인 공격을 받고 허무하게 멸망한 것이 된다. 이른바 '발해 내분에 의한 자멸설' 은 발해 멸망을 해석하는 가장 유력한 이론이다. 내분설을 주장하는 근거로 925년 이후 발해의 고관과 무관직의 주요 인물들이 대거 망명한 부

● 거란의 발해 공격은 오래전부터 준비되어 온 것이다. 그러나 군사적 요충지인 부여성이 함락되고 불과 10일 이내에 수도인 홀한성까지 함락당하면서 멸망한 것을 두고 이견은 많다. 이런 가운데 발해 멸망의 원인을 말해 주는 거의 유일한 증거는 거란의 역사서인 『요사』에 나오는 이심(離心), 즉 '마음이 갈리다' 이다.

분을 들고 있다. 곧 발해 멸망 직전에 발해 지도층 내부에 분열이 일어나 민심이 이반된 가운데 일부가 고려로 망명하는데 이 틈을 이용한 거란의 기습적이고도 대대적인 공세에 결국 발해가 멸망하였다는 주장이다.

그렇다면 이심(離心)은 왜 일어났을까?

가장 많이 등장하는 것이 발해의 민족 구성에서 찾는다. 소수의 고구려계가 다수의 말갈을 지배하면서 빚어지는 갈등이 표면화되면서 이로 인해 국력이 갈리고 위기 상황에 대처하지 못했다는 것이다. 또 다른 것은 당시 발해 사회를 이끌었을 것으로 추정되는 인물이 사망하면서 발해로 하여금 거란을 방비하는 데 전력을 기울일 수 없었던 것으로 보인다. 그 예로 발해왕 대인선이 항복을 청할 때 '소복(素

● 발해 말 왕 대인선은 항복을 하면서 흰색의 소복을 입고 양 한 마리를 끌며 성문을 나섰다. 이를 두고 발해가 상중이었을 가능성도 제기되고 있다.

服)' 차림이었음을 볼 때 이것은 단지 항복의 표시가 아닌 '상중(喪中)' 의 의미가 될 수도 있는 것이다.

또 다른 해석은 발해의 홀한성을 마지막으로 수비했던 '노상(老相)의 삼만군(三萬軍)' 이다. 거란에게 패하면서 결국 발해가 망하게 되는데 노상은 뒤에 거란의 위성국가로 세워지는 동단국에서 재상으로 다시 등장한다. 즉 노상(老相)이 3만이라는 군사를 거느리고 있음에도 불구하고 사력을 다해 싸우지 않은 것으로 미루어 발해 왕실을 배반하고 거란에 전향했었던 것으로 볼 수 있다. 이와 함께 전통적인 방비체제가 허술해지면서 거란의 군사를 막지 못한 것과 함께 책봉 체제의 붕괴로 인한 지도층의 권력 다툼, 영역 확대로 각종 건축 토목공사가 난립하면서 민심 동요, 여기에 대인선의 문란한 사생활까지 등장하기도 한다.

어느 것이 결정적인 원인을 제공했던지 간에 필자는 이 이론들은 결국 이심(離心)을 낳을 수밖에 없었을 것으로 본다.

최초 백두산 화산 폭발로 인한 발해 멸망설도 이 '이심(離心)' 에 초점을 맞추었다. 강성한 제국이던 발해가 너무도 쉽게 그리고 너무 빨리 멸망한 것을 두고 백두산 화산 폭발이라는 환경적인 충격 때문이 아니면 불가능했다는 것이다. 일본 동경도립대 마치다 히로시 교수는 이로 인해 백성들의 민심이 동요하고 중앙 지배 체제가 붕괴되면서 망명자 즉 내투가 속출하면서 거란에 의해 너무나 쉽게 발해가 말했다는 논리를 폈다. 그러나 이후 백두산 부근의 탄화목 연대 측정을 바탕으로 백두산 화산 폭발이 발해 멸망 이후로 접근이 이루어지면서 백두산 화산 폭발이 발해 멸망의 직접적인 원인은 아닌 것으로 파악되고 있다.

문제는 어느 것이 발해의 직접적인 멸망의 단초가 되었든지 간에 이 부분을 설명하는 기록은 그 어디에도 없다는 것이다. 단지 승자가 기술한 거란의 역사서인 『요사』에 짤막하게 적혀 있는 것이 전부다. 고구려연구재단의 김은국 박사는 이를 두고 "발해가 전쟁에서 지고 기록에서 또 한 번 진 것이다"라고 언급했다. 대제국 발해는 그 강성한 영토와 위상만큼이나 기록은 분명 존재했지만 그 기록들은 또 어떤 이유로 찾아볼 수 없다.

발해 멸망에 관한 논쟁

  다음 내용은 1998년 발해 건국 1300주년을 맞이해 〈고구려연구회〉에서 마련한 국제학술대회에서 다섯 번째로 주제 발표가 된 '발해 멸망에 관한 학술 토론'을 요약 정리한 것이다.

  토론 참가자는 동국대 사학과 이기동 교수의 사회로 경성대 사학과 한규철 교수, 고구려연구재단의 김은국 박사, 명지대 사학과 김위현 교수, 부산대 사학과 이효형 박사과정 등이다.

  이기동(사회) : 발해가 망할 무렵에 발해 사람들이 서로 험담이 생겨 가지고 내부 분열이 일어나 거란이 싸우지도 않고 이겼다라고 쓰여 있다. 그런 기록을 가지고 보면 발해 멸망의 중요한 원인이 발해 사회 자체의 내부 분열이 가장 큰 이유가 될 수 있다. 하지만 오늘 발표자는 대인선 때가 그렇게 만만한 시대가 아니고 거란의 침략에 잘 대응해 가다가 마지막 몇 달 사이에 망한 것으로 주장했다. 어떻게 보면 국운이 없었다. 또 내부 분열의 증거가 없다. 마지막 왕이 잘 대처하다가 왜 마지막 순간에 그런 큰 실수를 한 것인가? 사실 많이 궁금하게 생각하고 있는 부분이다.

이효형(부산대 박사과정) : 매우 어렵고 중요한 부분이다. 백두산 화산 폭발과 발해 멸망과의 관련설은 현재로서는 문헌 자료상의 뒷받침이 없어 설득력이 부족하다고 생각한다. 하지만 백두산 화산 폭발설은 앞으로 계속 거론될 가능성이 높다고 본다. 또 다른 부분은 발해가 10세기에 들어와 거란의 공격을 받자 신라 등 여러 나라와 혼인을 맺는 점이다. 고려와 혼인 관계를 맺었다는 기록이 남아 있다. 이후 송과 흑룡성 금나라 등에 원병을 요청하지만 정작 관계가 가장 좋았던 일본에 군사적 지원을 요청하지 않은 것은 이해하기 힘든 부분이다.

김은국(고구려연구재단) : 너무 갑작스럽게 홀한성이 함락됨으로써 멸망의 길로 접어드는데 여기에 의문을 품은 여러 사람들은 내부의 분열로, 심지어 화산 폭발설까지 얘기를 하고 있다. 그러나 이것은 거란의 군사적 공격력에 차이가 있지 않을까? 그리고 기습 공격 가능성도 있다. 워낙 거란이 발해의 공격 루트, 즉 발해의 강력한 군사력을 아니까 거기에 대한 우회 공격을 하지 않았을까? 하는 추측을 해 보았는데 내분설이든 뭐든 전제해야 될 것은 어느 하나 정설이라고 할 수 없다는 점이다.
더 넓은 시각이 필요하지 '이것은 정설이고' '이것은 아니다' 라는 식의 흑백론적으로 발해의 멸망을 이해한다는 것은 무리가 아닐까 생각된다. 백두산 화산 폭발설과 관련해서는 일본에서 화산재가 일본 북부 지방에 떨어졌다. 그리고 '발해 멸망과 비슷한 시기다' 라고 해서 발해 멸망과 연관시킨 것은 무리가 있다. 주변 고려와 중국 거란족의 역사서에도 나와야 하지만 백두산 폭발에 대한 그런 기록이 전혀 없다. 처음 주장을 제기했던 일본 교수도 최근 화산 폭발로 인한 멸망설은 배제한 상태다. 공연히 화산 폭발설을 가지고 마치 어떤 견해가 있는 것처럼 말하는 것은 조금 무리가 아닐까 한다.

발해 말 왕 대인선의 자질 문제를 제기했는데 여러 사료를 종합해 봐도 대인선은 나름대로 거란의 침략에 대해서 방어를 했다. 단순히 실정으로 몰아세우기에는 문제가 있다.

이기동(사회) : '서양의 트로이 멸망이 희랍의 침략을 받아서가 아니고 지진 탓이다' 라는 기사를 읽었다. 그래서 그렇게 주장하는 사람은 '고대의 문명국가들이 멸망한 것을 보며 그 지역, 그 시기의 자연재해와 연관성이 깊다' 라고 말한다. 최근 자연재해라고 하는 것이 상상을 초월하며 자연의 힘이 참 오묘하다고 하는 것을, 과학이 발달할수록 자연의 신비에 압도된다. 그러한 추세 속에서 화산 폭발설이 나온 것인지는 모르겠다. 거란의 입장에서 920년대에 발해가 내분 상태도 아닌데 그렇게 쉽게 멸망시킬 수 있었겠는가?

김위현(명지대 사학과) : 거란의 전투 형태는 몽골이 사방 정벌을 앞세워 하는 것처럼 비슷한 성격이다. 907년 작전을 세울 때 야율아보기가 먼저 발해를 치려 했다. 장군들과 밤낮으로 계획을 세우고 밤에 왕비에게 얘기를 하자 왕비는 '왜 그렇게 바보 같으냐' 며 반대했다. 왕비의 논리는 유목국가인 돌궐이라든가 회궐을 먼저 치라는 것이다. 왜냐하면 그런 종족은 예의고 뭐고 아무것도 없으니 선전 포고 없이도 때만 나면 쳐들어오고 또 먹을 것이 떨어지면 기를 쓰고 쳐들어온다. 그런데 발해는 농경국이고 그 안에는 여자와 문화가 있기 때문에 아무런 이유 없이 쳐들어오지는 않을 것이라 했다.

이로 인해 먼저 서북을 치고 10년 동안 준비해서 발해를 공격한다. 그 당시 부여부가 거란과의 관계에서 제일 중요한 군사 요지였는데 결론은 거기만 쳐부수면 쉽게 공략할 수 있기 때문에 집중 공격해 들어간다. 906년 전후 야율아보기는 사방 정벌을 하는데 압록강 앞으로 오면서 여진의 여러 부를 격파한다. 그때 여진은 발해에 의존하는 것이 많았다. 이렇게 따지면 거란과 발해의 공방은 20년 전부터 시작된 것이라고 볼 수 있다.

화산 폭발설에 관해서는 우리가 백두산 현지에 가서 살펴볼 때 한 나라가 망할 정도의 그런 규모는 아니었다. 백두산 근처에는 중요한 농경지라든가 중요한 도시가 있었다거나 그런 지역이 아니었다. 제트기류가 서방에서 동방으로 오기 때문에 화산재가 있다면 일본이 피해를 봤지 '발해가 농작물에 피해를 입어 망했다'는 것은 좀 고려해 볼 문제다. 이것은 역사학자들보다 천문학자들이 분석을 해서 자료를 제공해 주면 좋은 결론을 얻을 것 같다.

이기동(사회) : 발해 유민과 후발해 및 대발해국 즉 발해 멸망 이후 광복운동에 대해 설명 부탁한다.

한규철(경성대 사학과) : 학계가 발해 멸망 이후에 마치 발해인이 다 어디 가 버리고 단절된 것처럼 생각했던 것을 반성하는 의미에서 역사의 계승성을 중시해서 연구했다. 발해인은 발해 멸망 후에 대부분 여진으로 불리었다. 흑수말갈을 포함해서 대개 여진이라고 불리게 되고 또 거란화된 사람들은 거란 사람이 된다. 그래서 상당수 발해의 지배층 사람들은 요(거란)나라에서 중요한 관직을 가지고 있었다. 반란을 일으킨 대연림과 고영창도 마찬가지였다. 그래서 발해 멸망 후의 발해인이란 발해시대의 지배 계층에 있던 사람, 왕손이라든지 이런 사람들이 계속 발해인이라고 자처했을 것이다. 그리고 나머지 사람들은 거란이나 여진 등으로 불렸다고 생각된다. 그런 시각으로 말갈을 얘기했을 때는 중국 쪽에서 동북 지방 주민들에 대한 통칭이라는 것과 변방 부민에 대한 비칭으로 생각한다.

이기동(사회) : 토론을 마감하면서 느낀 점은 발해가 멸망된 이후에 부흥운동이 정말 치열했다는 것이다. 거란이 전쟁을 잘하는 민족임이 분

● 발해 멸망 이후 부흥운동의 구심점은 발해의 지배계층 사람들이었다. 그러나 대부분의 유민들은 부흥운동에 동참하거나 아니면 현지에서 생활하면서 거란이나 여진으로 불렸다.

명하다. 발해의 핵심부 두어 군데 치명타를 가하고 발해를 멸망시킨 것이다. 그러니까 각 지역에 흩어진 군대는 미처 싸움도 못 해 보고 왕이 포로가 되니까 항복할 수밖에 없었는데 그러나 이 세력들이 다시 반발하며 부흥운동을 이끈다.

　200년 전 유득공이라는 분은 몇 줄 안 되는 자료로 기념비적으로 발해의 역사를 기술했다. 그러나 지금은 '오히려 너무 많은 자료에 압도당하다 보니까 그 이미지를 만들지 못하고 있지 않나' 라고 생각된다. 큰 줄기를 찾지 못하고 헤매는 느낌도 있다. 역사 자료는 시간이 지나면 줄어드는 법인데 발해는 매장되었던 자료들이 더 많이 나올 수 있는 반대의 경우에 해당한다고 본다. 시간이 지나면서 지하에 매장되어 있던 새로운 자료들이 나와서 본래의 이미지를 그대로 그려낼 수 있는 입장이 되어갈 수 있을 것으로 본다. 그리고 발해사라는 것은 한국 사람의 독점물이 될 수는 없고 좋으나 싫으나 중국, 러시아, 일본 연구자들의 협조가 절대적으로 필요하다.

문명 위에 선 백두산

文
明

【 백두산 화산이 만들어 낸 비옥한 땅의 혜택을 누리다가
다시 찾아온 화산 폭발은 너무나 두려웠을 것이다. 접근할
수 없는 백두산 화산은 검은 흑룡이 만들어 낸 위협 그 자
체였다. 그러나 화산재의 비옥한 토양은 또한 거부하기 힘
든 옥토로 사람들을 불러 모았다. 화산은 문명을 만들고 문
명은 화산 때문에 사라지고 또 그 위로 또 다른 문명이 만
들어진다. 】

발해인의 망명 '내투(來投)'

'내투'는 발해인의 망명 사건을 기술한 내용이다. 내투'는 현대적 의미로 투항,
즉 항복을 한다거나 귀화라고도 이해할 수 있으며 정치적 망명으로도 해석할
수 있다. 발해 멸망 한 해 전부터 시작된 내투는 이후 200년 가까이 계속된다.

'내투'에 숨겨진 화산 폭발의 흔적

발해는 마지막 왕 대인선 집권 20년째인 926년 1월에 멸망
했다. 그러나 역사서에는 멸망 전인 925년 9월부터 발해 유민들이
고려로 망명한 '내투(來投)'의 기록이 있다. '내투'는 현대적 의미
로 투항, 즉 항복을 한다거나 귀화라고도 이해할 수 있으며 정치적
망명으로도 해석할 수 있다.

925년 9월 6일에 발해 장군 신덕 등 500명이 고려로 와서 투항한
것이 그 최초였다. 같은 달 예부랑인 '대화균', '대균로', 공부랑 '대
복모', 좌우위장군 '대심리' 등이 100호를 이끌고 고려로 들어왔다.
12월에는 발해 좌수위소장 '모도간'과 검교개구남 '박어' 등이
1,000호를 이끌고 고려로 망명하였다.

그런데 이들은 국가가 멸망하기 전이었기 때문에 '발해 유민'이라고 할 수는 없을 것으로 보인다. 이들이 고려로 오게 된 이유는 924년 7월에 있었던 거란의 발해 침입과 관련이 있었다고 할 수 있다. 그러나 이 당시 발해는 이들의 침입을 물리쳤기 때문에 이들의 정치 망명이 곧 거란의 침입 때문이었다고만 단정할 수는 없을 것 같다. 멸망의 위기에 있었던 내부의 정치적 갈등도 고려할 수 있다는 것이다.

● '내투'는 발해인의 망명 사건을 기술한 내용이다. 발해 멸망 한 해 전부터 시작된 내투는 이후 200년 가까이 계속된다. 초기 10여 년은 높은 관직에 있던 사람들이 집단적으로 등장하며 이후 40여 년 간 내투의 기록은 발견되지 않다가 979년 다시 등장한다. 이때는 일반 민초들도 대거 등장하며 특히 거란인, 여진인 등으로도 기술되어 있다.

|제3부●문명 위에 선 백두산|

어쨌든 이때부터 시작된 발해인들의 고려로의 망명길은 발해가 멸망하고 난 뒤 한 해 뒤인 927년 3월 3일부터 본격적으로 『고려사』「세가」에 등장한다.

● 내투'가 기록되어 있는 『고려사』 원본.
(화봉책박물관 소장)

927년 두 차례에 걸쳐 발해 대신 110명이 망명해 왔다. 928년과 929년, 934년, 938년에 각각 많은 발해 유민들이 고려로 넘어왔다. 경성대 사학과 한규철 교수는 호(戶)당 5명, 1부락은 10호(戶), 수백, 수만은 1백, 1만으로 계산해 인원수를 환산했다. 그랬더니 938년까지 고려로 넘어온 사람의 수가 33,743명으로 나왔다.

그러나 발해인들의 내투가 발해 멸망 이후 189년이 지난 시점까지 계속된 것까지 감안하면 최소 10만 명에서 최대 30만 명까지 달한다.

이는 고려 전체 인구의 10%에 해당하는 것으로 동북아 인구의 대이동에 해당하는 것이다. 발해 유민들이 대거 고려로 내려간 것은 발해와 고려가 고구려의 계승국이라는 역사적 공동체 의식 때문이라는 분석이 많다. 초기 내투가 이루어지던 시기에 고려는 태조 왕건이 집권하던 때였다. 발해가 멸망하고 나라를 잃은 많은 유민들이 대거 망명길에 오른 것이다.

특히 국지적으로 전개되었던 발해 부흥운동도 일부 실패하면서 망명길에 동참했을 것으로 보인다. 그러나 기록에는 태조 21년인 938년을 마지막으로 내투의 기록은 보이지 않는다. 이후 무려 41년이 흐른 979년 경종 때 내투가 다시 등장하면서 1117년까지 계속된다.

938년 이후 내투가 일시적으로 사라졌던 이 41년간의 기간을 어떻게 설명해야 할까?

이에 대해 발해 유민들의 대부분이 자주 의식을 포기하고 거란에 동화, 순종함으로써 고려로의 이동이 일단락되었다고 생각하면 가장 손쉽고 간단한 답이 될 것 같다.

그러나 여기서 필자는 좀 달리 생각해 보았다. 백두산 '천년분화'의 시기를 압축한 것은 939년 1월로 계산된다. 939년 1월 대분화가 일어나면서 주변 지역에 심각한 타격을 미친다. 화산쇄설물과 라하

|제3부 ● 문명 위에 선 백두산|

● 압록강 대협곡. 화산 홍수가 쏟아지면서 계곡이 깊게 패였다. 걸어서 이동해야 했던 당시 망명객들은 이처럼 곳곳에 길이 끊어지면서 남쪽으로의 이동이 사실상 불가능했을 것이다. 화산 폭발 이후 남쪽인 고려로 가기 위해서는 압록강과 두만강은 꼭 거쳐야 했으나 폭발로 강폭이 넓어지거나 깊어져 망명객들이 쉽게 건너가가 힘들어졌다.

르 즉 화산 홍수로 인해 백두산 주변 지역은 초토화가 된다. 이와 함께 화산재로 인한 환경 변화로 많은 마을들이 일시적인 충격에 빠진다. 그리고 찾아오는 굶주림으로 아사자가 속출하면서 많은 유민들이 살길을 찾아 떠나야 했다. 하지만 고려로 가는 대부분의 길들은 이미 끊어지고 막혀 버렸다. 압록강과 두만강, 송화강으로는 접근조차 하기 힘들었을 것이다. 말하자면 동쪽의 길과 서쪽의 길 그리고 북쪽 등 백두산을 주변으로 한 반경 200km 이내의 지역이 초토화되면서 망명길이 사라진 것이다.

이는 어디까지 역사학의 비전문가인 필자가 취재 과정에서 퍼즐을 엮듯 풀이해 낸 것에 불과함을 밝혀 둔다. 그러나 망명자의 수와 이유 등 세세하게 기록되던 내투의 흔적이 41년간이나 사라졌다는 것은 분명 어떤 이유가 있었을 것이다. 내투를 기록했던 많은 문헌들이 이때 일시적으로 사라졌을 수도 있고 아니면 내투 자체를 할 수 없는 상황이 닥쳤을 수도 있었을 것이다. 그리고 우연찮게도 그 해 백두산 화산의 거대 분출 시기와도 일치하고 있는 것이다. 역사학계도 이 부분에 대한 이론은 아직 도출해 내지 못하고 있는 것이 현실이다.

경성대 사학과 한규철 교수는 내투에 대해 아주 특별한 주장을 했다. 즉 발해가 벼를 재배하는 농경사회였다는 데 주목했다. 몽골이나 거란 등 기마민족에 비해 농사를 짓는 사람들은 땅에 대한 애착이 높다. 그렇기 때문에 발해가 멸망해도 상당수가 옮겨가는 대신에 계속 농사를 지었을 가능성이 높다. 특히 수도인 상경용천부의 '발해진' 같은 곳은 중국에서도 가장 쌀이 좋은 지방에 해당한다.

● 화산 폭발과 함께 타 버린 산림과 대지.
거대한 화산 분출이 일어나면 이처럼 주변 땅은 생산 불능지대로 변해 버린다. 오래지 않아 땅은 다시 화산재를 밑거름으로 살아나지만 길게는 10여 년을 넘게 추위 등을 견딜 수는 없어 사람들은 땅을 버리고 다른 곳을 찾아 떠나야 한다.

초기 내투가 주로 귀족이
나 장수 등 높은 관직, 특히
왕족 등 지배계층 사람들이
주축이었던 점은 실제 농사
를 짓던 상당수 사람들은 땅
을 버리려 하지 않았기 때문
이라는 분석이다.

● 경성대 사학과 한규철 교수. 한 교수는 유목민
들과는 달리 벼를 재배하던 발해인은 땅에 대한 애
착이 강해 그곳을 쉽게 떠나려 하지 않을 것이라는
주장을 폈다. 이런 이론은 또 다른 해석을 불러올
수 있는데 필자는 '땅에 대한 애착이 강한 농경민
족이지만 떠날 수밖에 없었던 어떤 일이 있었다는
것과, 떠났지만 기록에 전해지지 않는 또 다른 장
소로 갔다는 것'으로 해석해 봤다.

그러다 화산이 폭발하면서
농토가 화산재에 묻히고 길
게는 10여 년 이상 냉해로 농
사조차 지을 수가 없게 되자
뿔뿔이 흩어져 가게 된다. 하
지만 남쪽으로의 망명길은 이미 끊어진 상태여서 비교적 안전한 서
쪽으로 대거 이동해 가면서 고려에서는 수십 년 간 '내투'를 볼 수
없었을 것이다.

발해인, 어디로 갔나?

경성대 사학과 한규철 교수는 발해 멸망 이후 그 유민들이
보인 행동 양식에 따라 발해 유민들이 걸어간 길을 분류하고 추적
했다.

첫째는 거란 침략자를 피해 거란의 통치력이 약한 지역으로 이동
한 사람들이다. 앞서 언급한 '내투'의 경우가 여기에 해당되는데 이
들은 발해 왕세자였던 대광현 등과 같은 지배 세력에 있던 사람들로

고려로 이동하였다. 대부분 '발해인' 이었으나 발해가 멸망한 뒤 어느 시점으로부터는 '발해' 가 아닌 '거란' 이나 '여진' 사람으로 『고려사』에 나타난다.

두 번째는 발해가 멸망한 이후 거란에 협조했던 지배층 유민들이다. 이들은 거란의 힘에 굴복하여 거란의 협조자가 되었으며 고려와 거란과의 외교에서 중요한 역할을 담당했으며 두 나라 간의 전쟁에서는 거란의 장군으로 발해 유민들을 통솔하기도 하였다.

세 번째는 발해 왕실에 곡식과 노동력, 특산물 등의 의무를 부담했던 피지배 유민들이다. 이들은 대부분 농사를 담당했을 것으로 보이

● 발해 멸망 이후 고려로 망명했거나 현지에서 발해 부흥운동을 도모했던 사람들만을 발해인으로 규정하는 것은 무리다. 그 두 부류에 포함되지 않았던 많은 유민들의 일부는 거란에 동화되고 일부는 거란과 반독립적인 상태로 만주 지역에서 살아가면서 지금에 이르고 있을 것이다. 그리고 백두산 화산 폭발은 이들 발해 유민들의 이동로에도 적지 않은 영향을 끼쳤을 것으로 보인다.

며 발해 멸망 이후에도 생활지를 박차고 과감히 고향을 떠날 수가 없었다. 어쩔 수 없이 거란의 힘에 순종하여야 하였던 무리들로서 이들은 두 번째 유민들과는 구별된다. 이들은 기록에서 주로 '계단(契丹)'이나 '숙여진(熟女眞)' 등으로 등장한다.

네 번째는 거란과는 반 독립적 상태에서 그들의 생존과 관련된 실리를 추구하며 대처했던 유민들이다. 이들은 주로 고려와 관계가 깊었던 '생여진(生女眞)' 부락들이 이에 속한다.

다섯 번째는 발해국의 옛 영토 안에서 거란에 맞서 대항해 싸웠던 유민들이다. 이들 중에서는 이른바 '후발해'와 '정안국'을 건설한 사람들도 있었고 이후에는 대연림과 고영창을 중심으로 한 '흥요국'과 '대발해국'을 건설하기도 했다.

발해 유민들이 거란과 고려 등에 대해 보이는 처신에 따라 자발적 또는 강제 이동이 이뤄졌던지 아니면 그 자리에 눌러앉아 살았던 것이다.

이를 기초로 한규철 교수는 고려로 '내투' 한 첫 번째 경우의 사람들이 많게는 최고 30만 명으로 계산했다. 그리고 두 번째와 세 번째 사람의 경우가 거란의 이주 정책에 의해 요동으로 강제 이주당한 사람으로 고려로 '내투' 한 망명객과 비슷한 숫자에 이를 것으로 예상했다. 그리고 그 발해 지역에 그대로 머물면서 농사를 짓고 발해의 풍습을 계승했던 네 번째의 경우가 가장 많은 이 지역 인구의 근간을 이루었을 것으로 봤다.

문제는 이후에 여진족으로 불리었던 이들은 백두산 화산 폭발이 있었을 것으로 보이는 938년으로부터 수십 년이 지난 이후에나 등장한다는 것이다.

필자는 이들이 화산 폭발로 황폐해진 땅을 일시적으로 피해 있다 그 이후 화산재로 풍족해진 땅에서 세력을 키웠을 것으로 보인다. 이 세력은 이후 '금' 나라로 성장하면서 거란을 멸망시키며 동아시아의 패자로 군림한다.

백두산 화산 폭발이 지역 정세와 세력 판도에 많은 영향을 끼치면서 나타난 많은 사건 가운데 발해 유민들의 이동이 있으며, 이는 역으로 백두산 화산 폭발을 푸는 실마리가 될 것으로 보인다.

발해 부흥운동의 중심지를 뒤흔들다

발해가 망하던 해 거란은 상경용천부에 거란의 괴뢰국인 '동단국'을 설치한다. 하지만 동단국 주변으로 발해 유민들의 부흥운동이 거세지자 한 해 뒤인 927년 동단국의 수도를 서쪽인 요양으로 이동한다. 이에 때맞춰 동단국이 떠난 상경 일대에는 '후발해'가 탄생한다. 발해 부흥운동의 구심점이었던 '후발해'는 후당에 사신을 보낸 기록이 929년 처음 등장한 이후 7차례나 될 정도로 외교 활동을 활발히 벌였다.

후발해의 '대씨(大氏)' 정권은 건국 후 얼마 지나지 않아 올야 출신의 오씨(烏氏)로 정권이 바뀌면서 '대씨 발해'가 '오씨 발해'가 되었다. 975년에는 발해 유민 출신의 장수 연파와 함께 발해의 옛 부여부를 탈환하기 위한 군사 작전을 펴기도 하였다. 그리고 발해의 옛 장령부 지역이었던 휘발하 유역에서의 싸움에서도 원군 7천 명을 보냈으며 979년에는 정안국의 일부 세력을 규합하기도 했다. 그러다 1003년 거란의 공격을 받고 붕괴되었을 가능성이 크다.

● 발해 부흥운동은 발해가 멸망한 직후부터 200년간이나 지속된다. 세월이 지나면서 민족의 식도 옅어질 수밖에 없지만 부흥운동은 유민들의 강력한 지지를 받았던 것으로 기록되어 있다. 후발해를 시작으로 정안국, 흥요국, 대발해국으로 이어지는 부흥운동의 주역에는 과거 발해의 왕족과 장군출신들이 나타나 세력을 규합했다.

10세기 중엽에는 서경 압록부가 있던 압록강 중류에서도 발해 유민들이 '정안국'을 세워 거란에 대항하였다. 정안국의 건국 연도에 대해서는 935~936년 설과 937년 또는 970년 설 등이 있다. 『송사(宋史)』 「열전」에는 "정안국이 마한의 종족으로 거란의 공격을 받아 무너지고 그 추장이 남은 무리들을 규합하여 서쪽 변경에서 건국하여 나라 이름을 정안국이라고 하였다"고 기록되어 있다. 970년 국왕인 열만화가 여진의 사신 편에 글과 공물을 바쳤다. 이후 송과 협력해 거란을 토벌하는데 협조하겠다는 내용의 사신 편지가 전해온다. 정안국은 고구려-발해-정안국이라는 계승의식을 갖고 있었고 특히 원흥(元興)이라는 연호를 사용하기도 하였다. 정안국은 985년 거란에 의해 멸망했을 것으로 보인다.

● 발해 부흥운동의 가장 근본적인 이유는 배고픔과 피지배 민족에 가해지는 차별 때문이었다. 백두산 화산 폭발로 인한 만주 주변 지역에 장기간 생산 불능지대가 된 것과 관련성을 가질 수 있다.

정안국 이후 발해의 또 다른 부흥운동은 '대연림'에 의한 '흥요국(興遼國)'의 건국이다. 흥요국은 고려 현종 20년인 1029년 8월 초 동경도 관하에 있던 발해 시조 대조영의 7대손으로 대연림의 지휘하에 건국되었다. 대연림이 거란에 반기를 든 직접적인 원인은 거란이 소금 및 술의 전매와 물품교역에 대한 과다한 세금 부과로 발해인을 수탈하고, 흉작으로 인한 생활고에서 반요 감정이 높았기 때문으로 나와 있다. 그러나 대연림의 거사는 처음부터 어려움을 겪었다. 1029년 당시 발해의 옛 지역은 이미 대부분 거란의 지배에 들어가 있었고 발해 유민들 역시 발해에 대한 왕조의식이나 민족의식이 많이 약화된 상태에 있었기 때문이다.

흥요국은 고려에 지원을 요청하며 거란을 공격하기도 했지만 도리어 1029년 거란의 공격에 동경 요양성이 포위당해 1년 동안 완강히 저항하다가 내부의 배반으로 1030년 8월 25일 성이 함락되면서 대연림도 사로잡혔다.

이로 인해 발해 멸망 이후 100년 후에 발생한 발해 유민들의 반거란 발해 부흥운동은 다시 실패로 끝났다. 이후 거란이 발해 유민들을 요의 내륙지역으로 강제 이주시키는 과정에서 많은 사람들이 고려로 넘어갔는데 『고려사』에는 1030년에서 1033년에 이르는 3~4년 동안 약 740명의 발해 유민이 내투하였다고 전하고 있다.

발해가 멸망한 지 이미 200여 년이 지났으나 발해 부흥운동은 식을 줄을 몰랐던 것이다. 1115년 2월에는 발해인 '고욕'이 요주에서 반거란을 내세우며 기병하여 스스로 대왕이라 칭하였다. 그는 기병 3만으로 2차에 걸친 거란의 토벌을 막아냈지만 대왕을 칭한 지 5개월 만에 거란의 계략에 말려들면서 부흥운동은 끝이 났다.

고욕의 봉기가 실패한 다음해인 1116년 1월에는 요의 동경 요양 지방에서 '고영창'을 중심으로 다시 '대발해국'을 세워 거란에 대항하였다. 고영창은 요나라의 관리로서 발해의 무용마군 2~3천 명을 이끌고 여진에 대항하고 있다가 발해 부흥의 기치를 들었다. 그는 심한 민족적 차별 대우를 받는 발해 유민들을 선동하여 거사를 일으켰다. 10일 만에 인근 지역이 모두 호응하여 군사가 8천 명에 달하였다. 이에 동경요양부를 점령하여 스스로 황제라 하고 국호를 대발해, 연호를 융기(隆基)라고 하였다.

대발해국은 거란 동경도 관하의 79주 가운데 50주를 공략할 정도로 발해 유민의 적극적인 지원을 받았다. 고영창은 금의 황제 아골타에게 사신을 보내 구원을 청하고 두 나라가 힘을 합쳐 거란을 공격할 것을 제의하였다. 거란이 고영창에게 황제 칭호를 버리고 투항할 것을 요구하자 고영창은 이를 거절하였다. 이런 가운데 고영창은 도움을 청하였던 금나라에게 오히려 억류되어 있는 발해 사람들의 송환을 요구하면서 금나라의 공격을 초래한다.

동경성이 함락되고 남은 군사 5천과 함께 장송도로 피하였으나 얼마 뒤 여진에 사로잡혀 죽임을 당하였다. 이처럼 발해 부흥운동은 발해가 멸망한 지 200여 년이 흐른 시점에서도 계속되면서 발해 계승의식을 이어갔다.

필자는 여기서 발해 부흥운동이 일어난 지점에 대해 나름의 전문가들이 조언한 자료를 바탕으로 분석해 보았다. 백두산 화산 폭발이 939년인 점을 감안하면 먼저 거란이 홀한성에 세웠던 동단국이 서쪽으로 이주해 간 것은 순전히 거란의 강력한 부흥운동에 부딪쳤기 때문으로 보인다. 그러나 이후 정안국이 백두산의 서쪽인 발해의 서경 압록부 일대에서 부흥운동이 일어난 것은 특이할 만하다. 백두산 화산 폭발의 재해가 직접적으로 미치지 않는 곳에서 봉기했을 가능성이 높다. 백두산 동쪽으로 편서풍의 영향으로 지속적으로 화산재가 덮치면서 부흥운동 자체가 불가능했기 때문이다. 그러나 정안국의 건국 시기가 백두산 폭발 1~2년 전쯤 또는 30여 년이 지난 시점 두 사례로 나뉘는데 이는 '백두산 폭발 전에 세워진 정안국이 본격적인 부흥운동에 나선 것은 30여 년이 지난 970년이 돼서야 가능했다' 라고 해석해야 무난할 것으로 보인다.

실제 정안국의 활동 기록도 970년 이후가 돼서야 등장한다. 이는 화산 폭발로 인해 사실상 민족 부흥운동보다는 당장의 생존이 더 급한 일이었기 때문이었을 것이다. 무엇보다 부흥운동 과정에서 거란에 의한 민족적 차별과 흉작으로 인한 기근이 기병의 원인으로 지목되고 있는데 이는 냉해로 농산물 생산량과 가축의 성장도 장애를 받았기 때문으로 보인다. 벼 재배가 가능한 상당한 면적은 이미 생산 불능화가 되면서 길게는 10여 년이 넘게 방치가 됐을 것이다. 특히 냉해로 초지의 풀들의 성장도 제대로 되지 않으면 가축들의 성장에도 영향을 미쳐 결국 만주 지역을 중심으로 한 세력권에는 먹을거리의 절대 부족으로 분쟁이 잦았을 것이다. 이런 가운데 멸망한 나라의 백성들은 당연히 더 많은 차별을 받을 수밖에 없을 것이다.

'사신(史臣)'의 길이 사라지다

중국 『송사』와 『오대사기』 등에서 후발해가 후당에 사신을 보낸 기록을 한 번 살펴볼 필요가 있다.

926년 4월 발해국왕 대인선은 대진림 등 116명을 후당에 파견하면서 어린 아이와 여자 아이 각 세 명과 인삼, 곤포, 부자 그리고 호랑이 가죽을 올렸다.

926년 7월 발해 사신 6명이 후당에 조공하였다.

929년 5월 발해에서 사신 고정사를 파견하여 입조하고 특산물을 바쳤다.

그리고 931년, 932년, 933년에 각 한 차례 파견하고 이후 935년에는 9월과 11월, 12월에 사신을 파견해 특산물을 바쳤다.

이후 935년 이후 936년에는 발해 사신으로 입조한 남해부도독에게 벼슬을 준 것으로 기록되어 있다.

하지만 936년 이후 사신의 기록은 18년 뒤인 954년에서야 등장한다. 이때의 기록도 발해 사신이 입조하고 조공을 바쳤다는 내용이 아니라 "발해국 30명이 '후주'에 귀화하였다"라고 적혀 있다. 즉 발해가 멸망하고 건국한 '후발해'는 거의 빠짐없이 매년 후당에 사신과 조공을 바쳤다. 하지만 유독 936년 이후부터 18년간 기록이 없다. 이는 이후 상경용천부에 기반을 둔 후발해가 당으로 가는 길이 백두산 화산 폭발로 막혔을 가능성을 생각해 볼 수 있다. 즉 상경용천부에서 당으로 가는 길은 '동청 발해 마을'을 지나가야 한다. 그러나 앞서 언급했다시피 이 지역은 백두산에서 분출되어 나온 화산 홍수로 이미 사람들이 접근하기가 불가능한 지역이 됐다. 특히 냉해 등의 피해로 바칠 조공의 생산에 큰 차질이 빚어졌을 것도 사신이 없었던 이유 가운데 하나가 될 것으로 보인다.

이 같은 논리를 통한 분석은 거란이 고려에 보낸 사신의 기록을 보

● 사신(使臣)은 과거 나라 간 교류와 친선을 도모하는 것 외에 상대국에 대한 정세를 파악하는 중요한 외교정책 가운데 하나였다. 보통 신생국이나 약소국 또는 대등하지만 실리를 추구하기 위한 노선을 위해 조공과 함께 하곤 했다. 나라 간을 오가는 사신은 특정한 길이 있어 그 길을 통해 오갔다.

● **화산 홍수로 깊은 계곡이 생겨버린 지형.** 화산이 큰 폭발을 일으키면 주변 지역은 화산쇄설물과 화산 홍수가 쏟아지면서 교통로를 차단해 버리기 일쑤다. 보통 계곡으로 큰 강이 생기거나 계곡이 사람이 건너기 힘들 정도로 벼랑이 되면서 왕래를 어렵게 한다. 사진은 러시아 캄차카 화산 지대로 지표면은 풀들이 돋아나고 있지만 화산 홍수로 인한 계곡이 무수히 많이 생겨나면서 걸어서 가기는 불가능한 지형으로 변해 있다.

● **화산쇄설물로 절벽이 된 계곡.** 오른쪽의 까만 점은 사람이 서 있는 모습이다. 이로 미뤄볼 때 화산쇄설물이 쏟아져 나오면서 만든 계곡으로 사람들이 건너다니기란 힘들어 보인다. 사진은 인도네시아 메라피 화산 주변의 한 지점으로 크지 않은 화산 폭발인데도 쏟아져 나온 화산쇄설물의 위력을 실감할 수 있다.

면 또 등장한다.

　발해 멸망 후 고려와 거란은 얼마간 어느 쪽으로도 교섭의 뜻을 보이지 않았다. 이러한 상호 냉전기는 발해 멸망으로부터 고려가 후삼국을 통일하는 936년까지 계속되었다. 이유는 서로가 서로를 견제할 수 있는 교섭 상대자가 있었기 때문이다. 그러나 후백제가 고려에 흡수되는 등 고려가 한반도 안에서 강력한 힘을 갖게 되자 이러한 국제관계는 변하기 시작한다. 제일 먼저 불안을 느낀 거란은 친선국이었던 후백제가 무너지면서 고려에 직접 대화를 통한 외교노선을 바꾼다. 거란이 후삼국을 통일한 고려에 직접 교섭을 시도했던 기록들을 살펴보자

　　937년 9월 22일 고려와 철마, 철려(鐵驪)에 사신을 보내다. 『요사』
　　939년 춘정월 3일 후진(後晉)의 책봉을 받았다고 남당과 고려에 사신을 파견하여 알리다. 『요사』
　　942년 거란이 사신을 보내어 낙타 50필을 바쳤으나 왕(왕건)이 이르기를 "거란은 일찍이 발해와 연화하다가 갑자기 의심을 내어 맹약을 어기고 멸망시켰으니 이것은 매우 무도한 짓으로 거란과 화친을 맺어 이웃한다 해도 오래가지 못할 것이다" 하고 마침내 교빙을 거절하고 그들 사신 30명을 해도에 유배하고 낙타를 만부교 아래에 묶어 모두 굶어 죽게 하였다. 『고려사』

　이를 후대사람들은 거란의 침공 빌미를 제공한 '만부교 사건'이라고 부른다.

　필자는 여기서 939년 춘정월에 주목했다. 즉 939년 겨울은 백두산

화산 폭발 시기가 유력한 때여서 이때 거란의 사신이 고려로 왔다는 것은 여러 가지 의미를 내포할 수 있다.

거란과 고려의 사신 이동통로가 백두산과는 크게 관련이 없는 곳으로 연결되어 있음을 말해 준다. 이것은 곧 3년 뒤 낙타를 굶겨 죽이는 '만부교 사건'이 일어난 것만 해도 고려와 거란과의 교통로에는 백두산 화산 폭발이 큰 영향을 미치지 않았음을 알 수 있다. 고려와 거란의 이동로는 백두산에서 서쪽으로 한참 떨어진 압록강 하류와 요동 지역이어서 당장 큰 재해가 미칠 가능성이 아주 낮은 곳에 해당한다.

이는 거란이 후당에 조공을 바쳤던 기록에서도 잘 드러난다. 거란과 후당의 교통로 또한 백두산과는 거리가 있는 서쪽이다. 거란은 907년부터 해마다 후당에 조공사를 파견하고 그들과의 친선을 위해 노력하였다. 특히 937년 6월 이후 939년 9월과 940년 10월, 941년에는 세 차례, 943년 네 차례 등 백두산 화산 폭발을 즈음해서도 조공사의 파견은 계속된다. 즉 거란과 후당과의 왕래 길도 직접적인 재해의 범위에서 제외됐기 때문으로 보인다.

이를 종합하면 당시 동북아에는 후발해와 거란, 고려, 후당으로 세력권이 형성됐다. 그리고 각기 사신을 파견하며 견제와 실리 추구에 민감한 구도를 형성하고 있었다. 그러나 백두산의 폭발은 사신으로 대변되는 나라 간 통로를 끊어 버렸다. 그것도 후발해에 집중되면서 후발해가 고립되고 이로 인해 발해 부흥운동 자체가 심각한 타격을 받았을 가능성도 높다.

필자는 지난 2006년 발해와 당의 주요 교통로였던 '발해 동청 마을'을 답사할 기회를 가졌었다. 이 지역은 발해와 당을 오가던 사신들이 꼭 거쳐 가야 하는 곳이었다. 그러나 하천변에는 천 년 전 백두산 천지에서 쏟아져 내려온 라하르 즉 화산 홍수가 거대한 토성처럼 쌓여 있었다. 라하르의 파괴적인 힘이 고스란히 묻어났다. 당시 동청 마을 주변의 주요 시설들은 라하르에 묻혀 대부분 파괴되고 뒤이어 화산재에 묻혀 갔을 것이다.

　이를 증명하듯 주변 산지 밭에서는 발해시대 것으로 보이는 토기들이 대량 출토되기도 했다. 즉 발해의 대외 교통로가 화산 재해에 심각한 타격을 받으면서 결국 발해 부흥운동에도 큰 장애를 초래했을 것이다. 근거지와 교통로를 잃어버린 발해 부흥운동은 결국 발해를 대신할 국가를 탄생시키지 못한 것이다.

● 발해 동청 마을 부근.
발해와 당나라 간 사신들이 이동하는 주요 교통로였다. 1,000년의 세월이 지나면서 강줄기는 잦아들고 그 주변의 화산 홍수 자국도 많이 사라졌다. 그러나 백두산에서 100km가량 떨어진 이곳 주변 곳곳에는 아직도 높이 10여m에 달하는 화산 홍수의 흔적들이 널려 있다. 그만큼 당과 발해의 왕래 자체가 일시적으로 단절될 수밖에 없었다는 것을 말해 준다.

이인의 전설, 백두산 폭발의
두려움을 말하다

백두산과 그 주변 화산들은 그 옛날부터 여러 차례에 걸쳐 화산 분출을 거듭했는데
이인들은 바위에 자신들이 경험한 백두산 화산 폭발 현상을 새겨 넣었다.

지난 19세기 말 중국 산동 반도에 있는 태산에서 불과 태양을 숭배
하는 암각화가 발견되었다. 고고학적인 연구는 아주 특이한 결론에
도달했다. 이 그림들은 5,000년 전 백두산에서 살던 이인(夷人), 즉
중국의 입장에서 보면 동쪽의 오랑캐들이 불을 피해 2,000km의 거
리가 넘는 태산까지 피신해 왔으며 이 과정을 바위에 그림으로 남겼
다. 그리고 수십 년 뒤 다시 백두산으로 돌아갔다고 전해진다. 이 같
은 고고학적인 연구 결과는 백두산 화산 폭발의 연대와 정확히 일치
한다. 백두산이 1,000년 전 대폭발을 일으키기 이전에 이와 비슷한
규모의 화산 분출이 있었는데 그 시기가 지금으로부터 5,000년 전인
것이다. 백두산과 그 주변 화산들은 그 옛날부터 여러 차례에 걸쳐
화산 분출을 거듭했는데 이인들은 바위에 자신들이 경험한 백두산

화산 폭발 현상을 새겨 넣은 것이다.

이후 수천 년이 더 흐른 BC 1055년 중국 후베이성 북서 지역을 중심으로 윈샹 왕조가 번성했다. 그러나 왕인 '조'는 성품이 너무 잔인한데다 세금을 거두기 위해 온갖 핑계로 백성들을 괴롭혀서 사람들은 스스로 살길을 찾지 않으면 안 될 처지였다. 그러던 어느 날 여름 수도인 '보조우'에 화산재 비가 10일 동안 내리면서 날씨가 한겨울로 변했다. 사람들은 잔인한 임금인 '조' 왕에 대한 하늘의 벌이라 생각하기 시작했다. 그로부터 10년 뒤인 BC 1045년에 왕조는 멸망에 이른다. 이 사료를 연구했던 중국의 화산학자 친친유는 '당시 화산재는 1,400km 떨어진 백두산으로부터 날아왔던 것으로 확인'했다. 이후 백두산 화산 폭발의 연대 측정과도 정확히 일치했다.

● 백두산 화산 폭발 대피 상상도.
5,000년 전 백두산이 큰 폭발을 일으키면서 주변에서 농경과 가축 사냥을 하던 이인들은 서둘러 서쪽으로 도망가야 했다. 고대인들에게 화산 폭발은 하늘이 내린 재앙이었으며 이 재앙은 곧 입에서 입으로 전해 내려오는 전설로 남아 있다. (일러스트레이션: 고혜민)

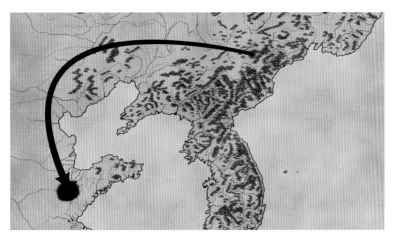

● 이인의 이동로.

백두산 부근에서 산둥 반도까지의 육상로는 2,000km에 달한다. 고대인들은 화산 폭발을 피해 산둥 반도까지 이동한 뒤 수십 년간을 이곳에서 지내다 다시 백두산 지역으로 돌아갔다. 이것이 의미하는 바는 고대인들이 백두산 화산 폭발의 위험성을 안다는 것과 함께 일정한 시일이 지나면 그 지역은 비옥한 토양으로 바뀌는 것 또한 경험으로 알고 있음을 말해 준다.

만주족과 조선족 전설의 공통점

앞서 천지(天池) 탄생을 배경으로 한 '백 장수' 전설과 함께 백두산을 무대로 한 조선족과 만주족 전설은 '삼형제 별', '얼둬리마바', '둬룽거거' 등이 있다.

진달래 공주

우리네 야산에서 봄이면 흔히 볼 수 있는 꽃 '진달래'는 만주 족에게는 백두산 화산 폭발의 결과로 생겨난 꽃이다. 만주족의 용어 가운데 '골민산기야나린'의 말이 오래전부터 전해 내려온다. 이는 만주어로 '불을 뿜는 산'이라는 뜻이다.

전설은 오래전 백두산 정상에서 거대한 불꽃이 뿜어져 나오면서 시작된다. 불꽃은 연기와 함께 한 달 이상 계속되면서 사람들은 무서운 불꽃을 피해 안전한 곳으로 도망을 가야 했다. 거대한 불꽃은 모든 것을 집어 삼키는 불의 악마로 변했다. 그때 이 악마를 죽이기 위해 한 소녀가 사람들을 모으고 신에게도 도움을 간청하려고 했다.

소녀는 불의 악마로부터 마을을 구할 수 있는 방법이 신의 도움뿐이라고 생각해 불을 뿜는 백두산으로 가기로 결심한다. 이에 마을 사람들은 소녀에게 값비싼 말과 함께 한 다발의 진달래를 안겨 주었다. 사람들은 그녀를 진달래 공주라고 불렀다. 공주는 어렵게 산을 오르면서 '바람의 신'에게 불을 날려 버리도록 부탁한다. 그리고 '눈의 신'에게 불을 끄도록 간청했다. 하지만 강력한 힘으로 불을 뿜은 불의 악마는 두 신의 힘을 합쳐도 모자랐다. 공주는 마지막으로 '고니의 신'에게 하늘까지 날아가서 옥황상제에게 악마를 죽일 수 있는 마법의 무기를 가져다 줄 것을 부탁했다. 고니의 신은 그녀의 진심어린 간청에 감동을 받고 하늘로 날아갔다. 옥황상제는 고니 신의 날개에 엄청난 양의 얼음을 실려 보냈다.

그리고 한 해 뒤 보름달이 뜬 가을 밤, 또 엄청난 불기둥이 하늘로 치솟아 오르면서 괴물이 나타났다. 진달래 공주는 다시 화산으로 올라가 마법의 얼음을 집어 들고 화산 불기둥 속으로 뛰어 들었다. 바람과 비와 눈의 신도 힘을 합쳐 진달래 공주를 도왔다. 그 순간 엄청난 폭발이 있은 후 백두산 정상에는 거대한 연못

이 생겨났다. 진달래 공주는 괴물을 물리친 뒤 고니의 신을 타고 하늘로 올라갔다. 이후 백두산에는 진달래가 피기 시작했다.

삼태성

흑룡담 아래 작은 마을에 세쌍둥이가 살고 있었다. 어머니가 매우 엄하고도 훌륭해서 세 아들을 세상에 내려 보내 각각 재주를 배워 오도록 했다. 십 년 동안 재주를 배우고 돌아온 삼형제는 어머니를 모시고 농사와 학문을 가르치고 선행을 베풀어 사람들의 칭송이 자자했다. 그러던 중 어느 날 광폭풍우가 일더니 해가 종적을 감추었다. 아무리 기다려도 해가 나타나지 않자 삼형제는 어머니의 당부로 해를 찾으러 길을 떠났다.

힘든 여정에서 삼형제는 '흑룡 두 마리가 밤하늘에 올라가 행패를 자주 부리는데 이번에는 낮 하늘에 올라가 암놈이 해를 삼키고 높이 올라가자 수놈도 함께 따라 올라가면서 해가 사라졌다'는 이야기를 듣게 된다. 삼형제는 이 흑룡을 기어이 찾아내면서 치열한 싸움이 시작된다. 셋째가 독화살을 암놈의 허리에 맞히자 암 흑룡이 해를 토해낸 뒤 흑룡담으로 도망을 가 버렸다. 그리고 삼형제는 힘을 합쳐 수컷 흑룡을 죽였다. 싸우고 돌아온 삼형제에게 어머니는 암 흑룡이 완전히 죽지 않고 흑룡담에 숨어 지내고 있는 것을 알고는 삼형제에게 하늘에 올라가 해를 지키게 했는데 이로부터 하늘에는 전에 없었던 삼형제별이 생겨나게 되었다.

얼둬리마바

　후르하 강 하류에 크고 작은 마을이 있었는데 마을 사람들은 곰과 멧돼지, 이리 떼의 공격에 생활이 늘 곤궁했다. 들쥐가 이들 짐승들에게 얼마 남지 않은 곡식마저 어디 있는지를 늘 알려주면서 뺏기기 일쑤였다. 어느 날 한 노인이 버드나무로 엮은 뗏목을 타고 짐승들을 없애려고 왔다며 마을에 도착했다. 사람들이 처음에는 괴팍하게 생긴 노인네의 이야기를 믿지 않았으나 활쏘기와 검술이 능숙한 것을 보고 그를 마을의 왕으로 추대했다.

　이후 마을에 곰과 이리, 멧돼지 떼가 무리지어 습격해 왔으나 노인의 재치로 짐승들을 모두 막아냈다. 노인은 짐승들이 모두 없어진 것을 확인하고는 짐승 다스리는 법을 전해야 한다며 또 뗏목을 타고 하류로 떠났다. 노인이 떠난 뒤 마을 사람들은 그를 얼둬리 할아버지라 부르며 조상신으로 모시기 시작했다.

둬룽거거

　나마차우라 지방은 사냥과 고기잡이로 넉넉한 생활을 하고 있었는데 어느 날 한 무리의 붕새가 날아와 마을을 파멸시켰다. 붕새에게는 발톱과 부리가 모두 쇠로 되어 있고 두 눈에서 뿜는 화염이 천 리나 나가는 데다 두 날개를 펼치면 돌 모래가 흩날려서 누구도 이 붕새를 쫓아낼 엄두조차 내지 못했다. 이런 가운데 평소 마을에서 활쏘기를 잘해 존경받았던 '둬룽아가씨'가 붕새를 없애기 위해 떠나던 중 흰 까치를 만났다. 사람 말을 하는 흰 까치는 그녀에게 맑은 샘물을 찾아 마시고 나서 백두산으로 날아가 신궁의 기술을 배우면 붕새를 없앨 수 있다는 말을 남기고 사라졌다. 이후 힘겹게 샘물을 찾아 마신 둬룽아가씨는 흰 까치의 도움으로 백두산에 올라가 백 일 간의 훈련을 받고는 산을 다스리는 천궁과 아홉 개의 화살을 받는다.

백두산을 내려온 둬룽아가씨가 여덟 개의 화살을 쏘자 화살은 날아가면서 팔백 개로 변해 붕새 떼를 전멸시켰다. 그리고 마지막 화살 한 개는 마을 사람들에게 활쏘기 연습을 가르치고는 백두산으로 다시 날아갔다. 이후 청나라 사람들의 활쏘기 실력은 최고가 되었다.

고려대 국문과 유영대 교수는 위의 네 가지 전설에서 백두산 화산 폭발과의 연관성을 이끌어 냈다. 전설에 나오는 백두산 화산 폭발은 모두 싸움과 전쟁으로 표현되고 있는데 전쟁에서 적의 모습을 어떻게 형상화되어 있느냐는 매우 중요하다.

'얼둬리마바'에서 적은 이리와 곰, 멧돼지 떼 그리고 쥐로 묘사됐으며, '둬룽거거'에서는 붕새가 그리고 '삼태성'과 '백 장수'에서는 흑룡이 적이 된다. 이 가운데 조선족 전설에 등장하는 흑룡의 경우는 흑색(黑色)에 초점을 맞추어 용의 의미를 이해할 수 있다. 용은 그 몸빛에 따라 다른데 흑룡은 인간의 힘으로 어쩔 수 없는 두려운 자연현상의 대표적인 상징이다. 특히 흑룡은 가뭄의 상징이기도 하는데 이 자체가 결국 화산 활동을 뜻한다. 이것처럼 곰과 이리와 같은 짐승이나 붕새의 경우도 흑룡의 또 다른 형상화의 하나가 된다.

이 외에도 만주족의 전설에는 불의 용을 죽인 '푸차족과 마치아족'의 전설도 등장하는데 그 내용에는 백두산 천지의 생성을 시작으로 압록강과 두만강, 송화강 그리고 흑룡강 등의 생성이 고스란히 묻어 있다.

어떤 민족이든 문명 이전의 세계에서 가장 심각한 현실적 문제는 자연의 재앙이라고 할 수 있다. 이것을 극복하는 자를 위대한 영웅이라 부르는 것도 자연 재앙에 대한 사람들의 두려움이 얼마나 컸으며 이 두려움에서 해방시켜 주는 존재는 곧 신적인 지위를 부여받았다. 자연과의 갈등이야말로 가장 원초적인 생존의 갈림길이기 때문이다.

● 6월의 백두산 천지의 웅장한 모습.

주변으로는 풀들이 돋아나지만 천지 수면에는 아직 얼음이 녹지 않았다. 천지를 둘러싼 연봉들에도 쌓인 눈들이 녹지 않고 고스란히 남아 있다. 사진에서 보는 방향은 천지 물이 흘러 나가는 유일한 방향인 달문으로 이곳을 통해 승사하를 거쳐 나간다. 천년분화 이후 『조선왕조실록』에 간접적이지만 사실적인 화산 폭발의 기록이 등장한다.

문헌에 나타난
백두산 화산 폭발

14일 오시에 하늘과 땅이 갑자기 캄캄해졌는데
때로 누런빛이 돌기도 하면서 연기와 불꽃 같은 것이 일어나는 듯하였고,
비릿한 냄새가 방에 꽉 찬 것 같기도 하였다.

하늘이 깜깜해지고 흙탕물이 용솟음치다

　　백두산의 화산 활동은 최근까지도 계속된 것으로 여러 문헌
에 기록되어 있다. 그러나 기록된 역사 자료에 근거해서 한국과 북
한, 중국의 학자들이 주장하는 연도는 많이 다르다.

　　필자는 그 정확한 연도보다는 역사서에 나타난 화산 폭발을 기록
하는 필체를 바탕으로 당시 사람들이 직·간접적으로 화산 폭발이
라는 자연현상을 어떻게 평가했는지를 엿보고자 한다.

　　"선조 30년인 1597년 8월 26일부터 함경도에서 3일간 여덟 번이나
지진이 일어나 담벽이 모두 흔들리고 모든 짐승들도 다 놀랐으며 이로

인해 병들어 누워 일어나지 못한 사람도 있었다. 붉은빛의 흙탕물이 용솟음쳐 나오더니 며칠 후에 멎었다. 또한 두 번이나 포를 쏘는 소리가 나기에 쳐다보니 연기가 하늘에 가득 차고 크기가 몇 아름씩 되는 바위가 연기를 따라 터져 나와서 큰 산 너머로 날아갔는데 간 곳은 알지 못한다."『조선왕조실록』

이 기록은 백두산 화산이 동반하고 있는 화산성 지진 현상을 생동감 있게 잘 표현하고 있다. 특히 연 3일간 발생 일과 시간, 장소, 피해 정도가 세세하게 기록되어 있다.

"현종 9년 무신년인 1668년 6월 2일, 함경도 경성부에 잿빛의 비가 내렸다. 같은 날 부령에도 잿빛의 비가 내렸다. 함경도에 잿빛의 비가 내린 이변은 몹시 놀랐다."

● 러시아 캄차카 화산 폭발로 분출되는 화산재. 이런 화산재가 하늘로 치솟으면 주변은 밤처럼 어두워진다. 그리고 잠시 뒤 화산재가 떨어지면서 집과 농작물에 피해를 입힌다. 『조선왕조실록』에서는 화산재를 나무가 탄 껍질로 묘사했는데 화산재는 만져 보면 타고 남은 재처럼 부서진다. 특히 화산재가 날아오면 주변은 화산재의 열기로 온도가 크게 올라가기도 한다. (사진제공: 캄차카 화산연구소 야로슬로브 무라예프 박사)

함경도 경성과 부령은 백두산 천지에서 동쪽과 남동쪽으로 각각 약 150km 떨어진 곳에 위치해 있다. 잿빛의 비((雨灰)를 두고 백두산의 소규모 분출로 인한 화산재가 150km까지 날아왔다는 주장과 함께 서울대 해양연구소 추교승 교수는 황사 현상을 잘못 기재한 것으로 분석했다.

1702년 6월 3일 이조 숙종 28년으로 백두산 화산 분화가 기록되어 있다.

"함경도 부령부에서 이달 14일 오시에 하늘과 땅이 갑자기 참참해 졌는데 때로 누런빛이 돌기도 하면서 연기와 불꽃 같은 것이 일어나는 듯하였고, 비릿한 냄새가 방에 꽉 찬 것 같기도 하였다. 큰 화로에 들 어앉아 있는 듯하여 몹시 무더운 기운에 사람들이 견딜 수가 없었다. 4 경이 지나서야 사라졌다. 아침에 가서 보니 온 들판에 재가 내려앉았 는데, 마치 조개껍질을 태워 놓은 것 같았다. 경성부에서는 같은 달 같 은 날 좀 늦은 때에 연기와 안개 같은 기운이 서북쪽에서 갑자기 밀려 오면서 하늘과 땅이 참참해지고 비릿한 노린내가 사람들의 옷에 스며 들었으며 몹시 무더운 기운은 큰 화로 속에 앉아 있는 듯하였다. 그리 하여 사람들 모두가 옷을 벗어 던지었으며 땀이 흘러 끈적끈적하였 다. 흩날리던 재는 마치 눈과도 같이 산지사방에 떨어졌는데 그 높이 가 한 치가량 되었다. 걸어 보니 모두 나무껍질이 타다 남은 것이었다. 강변의 여러 고을들도 다 그러하였는데 간혹 더 심한 곳이 있었다."

이 기록은 천지 화산 분출의 현상을 150km 떨어진 먼 곳에서 관찰 한 사실을 바로 눈앞에서 경험하듯 생동감 있게 묘사한 것을 알 수 있다. 천지가 어두워지고 기온이 크게 높아져 사람들은 화로 안에 있 는 듯하고 유황 냄새가 있었다. 들판은 화산재로 덮였는데 참을 수

● 천지 주변에 널려 있는 화산탄. 화산 폭발시 강한 압력으로 집채만 한 돌들이 날아다닌다. 『이조실록』에는 화산탄이 날아다니는 장면을 생생하게 기록하기도 했다.

없을 정도는 아니었고 화재는 발생하지 않았다고 설명한다. 당시 사람들은 화산에 대한 지식이 없어 화산재가 무엇인지 몰랐고 또 알맞은 단어를 찾지 못하면서 조개껍질을 태워 놓은 것이나 나무껍질이 타고 남은 것에 비유하면서 비교적 사실적으로 묘사했다. 이는 천지 화산의 한 차례 대규모 분출에 의한 것임을 알 수 있다. 특히 고온의 부석쇄설물 또는 화산재가 동쪽으로 날아간 것임을 알 수 있다. 무엇보다 이 기록은 그리 대규모 분화가 아니었지만 화산재의 직접적인 영향을 받는 곳은 영문도 모른 채 사람들이 심각하게 불안해하는 등 동요하는 모습을 잘 엿볼 수 있다.

그리고 가장 최근의 천지 화산 분화 기록은 20세기가 시작된 1903년이다. 실록에 있는 기록은 아니지만 천지조수 '유건봉'이 백두산 길 안내인인 '서영순'으로부터 들었던 일을 기록한 『장백산강강지

략』에는 분화를 본 모습을 잘 묘사해 놓고 있다.

"1903년 5월, 여섯 사람이 호수 주위에 눕거나 앉아 있는데 깊은 밤이 되자 찬바람이 뼈에 스며들고 배가 고파서 잠을 이룰 수가 없어 함께 잡곡을 몽땅 먹어버렸다. 시간이 조금 지나서 하늘이 약간 밝아지고 안개는 여전하였다.

(중략)

별안간 번개가 치고 비가 내리자 사람들이 겁이 나서 함께 울고 있었다. 밤이 더 깊어졌을 때 호수 수면 위로 3~5개의 별이 올라갔다 내려갔다 하는 것이 보였다. 별안간 폭발하는 소리가 나자 공중에서 차바퀴만큼 큰 불덩어리가 떨어지고, 수면 위를 수많은 불꽃이 낮처럼 환하게 밝혔다. 포성이 벼락처럼 울리고 파도가 하늘 높이로 크게 일어났다. 일행 여섯 사람이 떨며 움직이지 못하였다.

(중략)

반 시간 후 우박이 비처럼 쏟아졌는데 큰 것이 1촌가량 되었다. 여섯 사람이 바위 아래로 피하였다. 유와 복순이 머리를 맞아 피가 흘러 젖은 옷으로 머리를 동여매었다. 그리고 두 시간이 지나 동쪽에 햇빛이 생겼다. 구름도 걷히고 바람도 잔잔해지고 안개는 산봉우리에만 걸려 있었다. 서영순의 말이 진실이어서 여기에 기록한다."

이는 백두산 천문봉 북서부 절벽 아래 천지에서 있었던 화산 분화와 폭발 현상을 관찰한 것으로 백두산 화산 분화가 마지막으로 일어난 현상을 기록한 문헌으로 평가받고 있다.

그러나 여기에 대해 서울대 추교승 교수는 화산 분출 현장에서 제

● 천지 주변에서 발견된 1903년 분출물. 중국학자들이 천지 호반 주변을 조사하다 당시 분출
되어 나온 화산재를 발견했다. 이로서 백두산은 20세기 들어서도 분화한 활화산임을 확인시키
고 있다. (사진제공: 중국 국가지진국 웨이 하이첸 박사)

일 가까운 천지 호수 주변에서 상황을 목격하면서 화산 분출 현상과
분출물에 관한 기록을 볼 수 없었던 점과 여러 차례 반복되는 화산
분출의 특징과는 달리 일회성으로 끝난 점을 들어 화산 분출로 보기
어렵다고 평가하기도 했다.

　중국 국가지진국이 천지 주변에서 1903년도 화산 분출물을 찾아
내면서 백두산이 이때 마지막 분출을 한 것으로 확인되고 있다.

　이처럼 역사시대 이래 문헌에 기록된 백두산 천년분화는 비교적
작은 규모였지만 그것을 지켜보는 사람들의 심리는 복잡하다 못해
불안과 두려움을 읽을 수 있다.

천년분화는 왜 기록에 없나?

　　여기서 필자는 백두산 천년분화는 분명 문헌에 기록되어 있는 분화의 규모와 비교도 되지 않을 정도로 거대했으면서도 왜 기록에서는 없는지에 대해 고민했다.

　엄청난 자연재해임에도 불구하고 한국과 중국의 역사 문헌에는 언급되어 있지 않다(적어도 아직 발견되지 않았다). 10세기를 즈음한 대분화는 분명 비교적 가까운 고려도 영향을 받았을 것은 분명하다. 이렇게 됐을 경우 반경 수백km가 초토화되고 하늘은 화산재로 뒤덮여 몇 달간 밤이 지속됐을 것이다. 이럴 경우 국가적 재난인 상황에서 분명 왕이 직접 나서 제사를 지내는 등 민심 다스리기에 나서는 모양을 보일 수밖에 없었을 것이다. 하지만 이런 기록은 보이지 않는다.

　여기에 대해 두 가지로 해석할 수 있다. 하나는 폭발의 규모가 너무 방대하면서 피해 지역을 집중화시켰다는 것이다. 일단 화산 폭발의 규모가 너무 커서 그 주변에서는 이 폭발에서 살아남을 수 있는 범위가 지극히 한정될 수밖에 없었을 것이다. 그러나 이것은 여전히 크게 설득력을 얻지 못하는 게 사실이다. 1,000km 밖에서 일본인들이 놀랄 정도의 소리가 들렸을 정도였고 이 화산 분출이 최소한 이틀 이상 지속될 정도였으면 고려 등지에서도 충분히 충격적인 소리가 계속 울리면서 이에 대한 기록이 최소한 다른 방식이라도 있을 법 하기 때문이다.

　화산 폭발 규모에 의한 기록의 누락보다는 당시 주변 정세의 복잡성에서 그 답을 찾는 것이 오히려 설득력이 높을 것으로 보인다. 10세기 동아시아에 백두산 화산 폭발이 어떤 영향을 주었는지보다는 당시 이 지역이 정치적으로 어떠한 변동의 과정에 있었는지를 파악할 필요가 있다.

중국에서는 당 말(907년)을 거쳐 오대십국의 격변기, 즉 후당(923~936년)이나 남당(937~975년)으로 나뉘는 지방정권 난립의 대혼란기라 할 수 있다. 이와 함께 동북아시아에서는 발해(698~926년)가 망하고 거란(요, 916~1125년)이 발흥기를 시작으로 발해에 동단국을 설립하는 변동기가 있었다. 이 시기 백두산에 가장 가까운 영역을 지배했던 거란족의 요나라는 거란 문자로 기록된 자료가 적을 뿐더러 해독하지 못하는 문자도 많다. 더군다나 일부 한자 자료는 정사의 형태로 남겨져 있지만 그 후의 여진족에 의한 금이나 몽골족에 의한 지배에 의해 10세기 당시의 자료는 소실되고 사라졌을 가능성이 높다.

한반도에서는 후삼국시대의 혼란기를 접은 고려(935~1392년)지만 동북아시아의 국경선이 확정되지 않았고 압록강과 백두산, 두만강을 경계로 하는 국경 라인보다는 좀 더 남쪽을 그 세력권으로 하고 있었다. 종합하면 백두산 주변 지역에 대한 실질적인 지배 세력이 없었다고 볼 수 있는 것이다. 어쩌면 동해 바다 건너 일본에서 남아 있는 것이 당연한 것일 수도 있다.

이 시기에는 '정사'에 기록을 남길 안정된 왕조나 정권이 중국 쪽에는 존재하지 않고 만약 그러한 기록이 남겨져 있다고 해도 문헌자료로서는 남기기 힘든 환경이라고 말할 수 있다. 즉 동북아시아의 10세기는 어떻게 보면 자료의 공백기라고 불러야 할 것으로 보인다.

화산, 문명을 바꾸다

화산에서 뿜어져 나오는 화산재는 비옥한 토양을 만들어 주면서
한 치의 땅도 놀릴 공간이 없을 정도로 농경지로 개간됐다.
메라피가 있는 자바 섬 중앙은 이로 인해 고대로부터 자바원인이 나올 정도로
농작물 수확량이 많아 풍족한 생활을 영위할 수 있었다.

벗어날 수 없는 자연의 재앙

화산 폭발이 일어나면 가장 먼저 폭발로 인해 반경 수km에
서 수백km까지 초토화된다. 그 폭발로 살아남았다 해도 낙석과 지
진 등 잇따라 발생하는 여러 가지 자연재해를 견뎌야 한다. 하지만
위험은 이제부터다. 화산 분화구로부터 분출해 오는 '화산재 구름'
이 한꺼번에 몰려온다. 화산재 구름 안에 있으면 그 온도가 매우 높
아 체내에 있는 수분이 모두 증발해 버리면서 치명적인 영향을 받는
다. 그리고 높은 온도 때문에 발생하는 화재로 인해 재산 피해도 극
심해진다. 따라서 화산재 구름 안에 있으면 생존을 보장받기 힘들어
진다.

● 파푸아뉴기니 섬 해발 1,800m의 마남 화산 .(1996년)
수백도의 뜨거운 화쇄류는 빠르게는 시속 200~300km의 속도로 돌진한다. 이 화쇄류를 만나
면 그 속에 있는 모든 생명체는 재로 변해 사라진다. 화산 폭발 이후 화쇄류가 지나간 산 경사
면에는 아무것도 남아 있지 않다. 뜨거운 열기에 다 타 버린 것이다. 그 옆으로 집 몇 채를 가
까스로 비켜갔다. 마남 화산은 화쇄류만 쏟아내고 화산 홍수는 없었다. 그러나 대부분의 대형
분화가 화산 홍수가 곧이어 분출되는 것을 감안하면 남아 있는 집들은 하늘이 도왔다고밖에
할 수 없다.

1차 폭발로 살아남은 생물들은 2차로 몰려나오는 화산재 구름에
직접적인 화상으로 치명적인 피해를 입게 된다. 화산재의 버섯구름
에서도 살아남은 생물들은 3차 피해를 입게 된다. 먼저 화산재 가운
데 매우 가벼운 것은 떠다니고 무거운 것은 가라앉게 되는데 이 가운
데 중간 크기의 화산쇄설물들은 초기 폭발에 영향을 받지 않는 훨씬

먼 곳까지 이동하게 되는데 아무리 폭발이 소규모라도 최소 수백km는 이동할 정도로 광범위한 지역까지 퍼져 나간다.

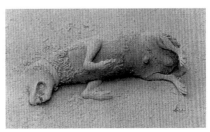

● 뜨거운 화산재를 들이마시면 대부분의 생명체는 수증기가 증발하면서 그 자리에서 죽는다. 이 개도 뜨거운 화산재 때문에 재로 변했다.

여기서 문제는 화쇄류가 단순한 재가 아니라 뾰족한 돌멩이라는 점인데 크기가 매우 작기 때문에 동물이 호흡하면 그대로 흡수된다. 따라서 폐에 심각한 이상이 생길 수 있으며 호흡곤란으로 사망할 수도 있다. 화산의 규모가 매우 크다면 화쇄류를 피해 도망칠 수가 없다. 이는 화쇄류가 자동차와 항공기 등의 주요 엔진을 막아 버리기 때문이다. 화산에서 분출돼 나온 유독 가스도 심각한 문제를 일으키기도 한다. 또한 화산 폭발지수가 5 이상인 화산은 화산재가 25km 이상의 성층권까지 상승한다. 지표면에 도달하는 태양광을 상당수 차단해 버리면서 상당한 기간 동안 지표면에는 일종의 '화산 겨울'이 닥치게 된다.

크라카타우 화산

1883년 8월 27일 인도네시아 자바와 수마트라 사이의 순다 해협에 위치한 크라카타우 산이 폭발했다. 분출된 화산재는 25km 상공까지 올라갔으며 주변 해역에서는 소규모의 쓰나미가 발생한다. 다음날 아침 10시 무렵 인류 역사상 가장 큰 소리의 폭발음이 이 화산에서 울려 퍼진다. 이 소리는 3,200km 떨어진 호주에서까지 들렸다고 기

|제3부● 문명 위에 선 백두산|

록되어 있다. 그 순간 화산에서 150km 이내에 있던 모든 건물의 유리창이 박살이 나 버렸다.

대기에 엄청난 영향을 주면서 생긴 파장이 순간적으로 지구를 일곱 번 돌아 나왔다. 화산재의 높이는 계속 상승하면서 25km 높이까지 상승했는데 낮과 밤의 구분이 되지 않았다. 이 화산 폭발로 지구 표면의 태양복사에너지가 13% 줄어들고 2년 후까지 지구의 평균 기온을 떨어뜨렸다. 무엇보다 크라카타우 화산의 폭발 충격으로 쓰나미가 발생했다. 최대 42m의 해일은 인근 육지의 내륙 5km까지 침입하였으며 주변 6,000여 척의 선박이 파괴되고 36,000명의 인명 손실을 가져왔다. 화산으로부터 3,000km 떨어진 인도 캘커타 강에서는 300여 척의 배가 침몰되었다. 이러한 직접적인 피해 외에도 화산재에 덮인 인근 지역은 농경지 손실 등으로 인한 기아와 질병으로 심각한 손실을 받았다.

아이슬란드 화산

1978년 6월 8일 아침 9시쯤 황량한 북태평양의 섬에 위치한 라카기가르 균열지대가 엄청난 힘으로 터져 나갔다. 도처에서 연못처럼 고인 용암이 분수처럼 치솟았으며 솟구치는 화산재 구름이 하늘을 시커멓게 덮어 넓은 지역에 재를 뿌렸다. 그리고 3일 뒤인 11일 용암의 홍수가 쏟아져 나오더니 50일간 계속됐다. 하지만 정작 피해를 입힌 것은 함께 분출된 엄청난 양의 아황산가스와 치명적인 가스인 이산화탄소였다.

아이슬란드 땅 위에 유독한 파란 안개가 형성되면서 유럽 대륙을 거쳐 서아시아와 북아프리카까지 떠내려갔다. 나무들은 시들어 죽었으며 농작물은 노랗게 변했고 풀은 거의 성장을 멈추었다. 말들은 살이 거의 다 빠졌다. 죽은 말들도 즐비한데 갈기와 꼬리도 부패하여 다 썩어 들어갔다. 소와 양도 마찬가지였다. 아이슬란드의 양과 말의 4분의 3이 가스 중독이나 굶주림으로 죽었다. 연안 바다도 오염되면서 물고기가 사라져 거의 1년 동안 보이지 않았다.

　사람에게도 부스럼과 종양이 나타났으며 잇몸이 부풀어 오르고 머리가 빠졌다. 이 때문에 아이슬란드 사람 5명 가운데 1명가량인 1만 명이 3년 내에 죽었다.

베수비우스 화산

　서기 79년 8월 24일 아침 이탈리아 서부 해안 로마 부호들의 휴양 도시에서 파괴적인 강도의 지진과 함께 베수비우스 화산이 분출했다. 높은 고도에서 부는 바람은 정상의 남쪽과 동쪽으로 8km 떨어진 곳에 위치한 인구 2만 명의 도시인 폼페이 위로 곧바로 다가왔다. 낮은 밤이 되면서 저녁까지 대략 한 시간에 12~15cm의 하얀 부석이 떨어져 모두 1.3m가량 쌓였다. 몇 시간 뒤 화산재의 무게에 눌려 대부분의 건물이 붕괴되었다. 날아와 쌓이는 부석 때문에 폼페이 시민의 약 10%가 호흡기 이상으로 사망했다.

　화산 활동이 잠시 잠잠하던 순간에 사람들은 사망자들을 매장하는 등 회복의 손길을 모으고 있었다. 하지만 화산재의 양은 갈수록 늘어났으며 마침내 화쇄류가 산 경사면으로 쏟아져 내려왔다. 뜨거운 열기 때문에 만나는 모든 생명체는 그 자리에서 재로 변해 버렸다. 화쇄류는 4분 만에 베수비우스 화산의 정상으로부터 6km를 덮쳤다. 곧이어 화산 홍수가 쏟아져 내리기 시작했다. 여기에도 많은 사람들이 휩쓸려 목숨을 잃었다.

● 화산 폭발은 이처럼 땅 속에서 거대한 압력을 받아 밖으로 분출되듯 폭발하면서 많은 분출물들을 쏟아낸다. 화산성 지진을 동반하는 경우가 많고 곧이어 분출된 화산재들이 하늘로 올라간다. 그리고 기둥이 무너지면서 산 경사면을 따라 쏟아진다. 곧이어 화산재와 물이 섞이면서 화산 홍수가 되면서 하류로 내려온다. 이런 과정 속에서 이미 사방은 밤처럼 컴컴해져 앞뒤 분간이 안 되고 얼마 지나지 않아 하늘에서는 화산재가 떨어지기 시작한다. 그리고 천지가 뜨거운 열기로 가득해진다.

피나투보 화산

1991년 6월 12일 필리핀 마닐라 북서쪽으로 90km 떨어진 높이 1,745m의 피나투보 산에서 거대한 증기와 화산재가 하늘로 솟구쳐 올랐다. 이미 반경 30km 이내의 사람들에게 모두 대피령이 내려진 상태였다. 폭발은 늦은 오후까지 계속되면서 절정에 달해 화산 분화의 구름 높이가 35km까지 치솟는다. 화산재는 화산으로부터 40km 거리에 30cm의 두께로 쌓였다. 하지만 불행하게도 솟아오른 화산재는 강한 비를 동반한 태풍 윤야(Yunya)의 경로에 있었다.

습기를 머금은 화산재의 무거운 하중은 많은 지붕을 붕괴시켰고 화산 홍수는 각 지역의 계곡으로 흘러들어갔다. 태풍에 의한 비는 수일 동안 화산 홍수를 일으켜 20만 명이 화산 홍수를 피해 집을 떠나야 했다. 이로 인해 반경 30km 이내의 모든 다리가 파괴되었다. 무거운 화산재에 의해 거의 모든 건물이 붕괴되고 대피 프로그램에도 350명이 목숨을 잃었다. 하지만 화산 폭발 이후에 찾아온 질병으로 932명이 또 사망했다. 피나투보에서 분출된 분출물은 4~5㎦이다. 하지만 2천만 톤의 아황산 기체가 대기 중에서 물과 결합하여 황산의 빗방울을 만들었다. 그것들이 공중에 떠 있으면서 햇볕을 반사시켜 북반구 일부 지역의 평균 온도가 1℃, 전 지구적으로 대략 0.5℃ 떨어졌다.

메라피가 삼킨 인도네시아 마타람 문명

      화산을 찾아 떠나는 여행길에서 필자는 인도네시아에서 놀라운 건축물을 발견할 수 있었다. 경주 토함산의 석굴암에서 보았던 염화미소의 부처님과 너무 닮은 부처의 얼굴을 본 것이다. 불상의 크기와 자세, 얼굴에서 묻어 나오는 숨겨진 미소의 표정까지, 석굴암을 인도네시아로 옮겨 놓았던지 아니면 이곳에 있는 불상을 토함산으로 가져왔던지 둘 가운데 하나일 것이란 생각이 들 정도였다.

  인도네시아 족자카르타에서 41km 떨어진 곳에는 정확히 언제 누가 건설했는지 밝혀지지 않은 보로부두르(Borobudur) 불교 사원이 있다. 작은 두 강이 옆으로 흐르는 중앙에 세워진 이 사원은 나지막한 산을 깎아 그 위에다 돌을 쌓았다. 정사각형으로 피라미드 구조와 비슷하게 세워져 있는 사원의 재료는 모두 돌이며 그 부피만 55,000㎥에 달한다. 한 면의 길이는 123m며 높이는 42m(현재 31.5m)로 기단을 제외하고 9개 층으로 이루어져 있다.

  상층부의 3개 테라스에는 토함산 부처상과 크기가 비슷한 불상들

● 보로부두르 불교 사원. 정사각형의 이 불교 사원은 산을 깎아 그 위에 돌을 쌓아 만들었다. 모두 9개 층으로 이루어져 있으며 각 층마다 부처상이 수m 간격으로 있다. 그리고 가장 위쪽 3개 층에는 모두 72개의 대형 부처님이 종 모양의 탑 안에 모셔져 있다. 보로부두르 사원은 그 웅장함과 함께 각 층마다 새겨져 있는 부조와 불상들의 예술성이 불교 건축의 백미로 평가받고 있다.

● 석굴암의 크기와 그 모습이 흡사한 부처상. 이 부처상의 조각과 형태로 볼 때 인도에서 시작된 불교가 어떻게 전파되었는지를 추적할 수 있을 정도로 그 모습이 친근하다. 뒤쪽으로 보이는 탑마다 이런 부처상이 모셔져 있다.

● 사원의 각 층마다 이렇게 사람들이 걸어 다니며 불공을 드리는 장소가 마련
돼 있으며 그 벽면에는 단 한 치의 빈틈도 없이 불교 이야기로 조각되어 있다.

● 보로부두르 사원의 부조. 이 부조에는 석가모니의 탄생에서 부처가 되기까지의 과정 등이 문자가 아닌 조각으로 그림책처럼 펼쳐져 있다.

이 무려 72개가 있으며 그 중앙에는 거대한 사리탑이 자리한다. 9개의 층은 불교에서 말하는 9단계의 극락을 뜻하고 각 층은 열반의 경지인 니르바나(Nirvana)를 말하는 3단계로 나뉜다. 탑 전체로는 부처의 탄생과 열반에 이르는 전 과정이 조각과 부조, 불상들로 빈틈없이 새겨져 있다. 인도에서 시작된 불교 건축이 여기에서 그 절정을 이루었다고 해도 손색이 없을 정도로 탄성이 절로 나온다.

　이 불교 사원은 서기 750년 사일렌드라(Sailendra) 왕조가 주변 지역의 비옥한 토양과 강력한 국력을 바탕으로 세웠다고 전해진다. 건축의 형태는 인도와 캄보디아의 사원들과 매우 유사하지만 독특한 모양새는 이 사원만이 가지는 특징이다. 그러나 '어떻게 이 불상들이 손으로 그리듯이 바위에 섬세하게 조각되었는지? 더욱이 족자카르타 주변 지역에서는 보기 힘든 엄청난 양의 돌들을 이곳까지 옮겨 올 수 있었는지?'에 대해서는 밝혀지지 않았다.

　'마타람 문명'으로 불리는 이 사원은 919년 쇠퇴하기 시작하면서 그 이후로 잊혀졌다. 그러다 1,000년의 세월이 지난 뒤에 발견되었으며 당시 현지에 주둔하던 지방정부 지사이자 영국 장군인 스탬포드 래플스(Stamford Raffles)에 의해 복원되기 시작했다.

발견 당시 이 사원은 하나의 나지막한 산처럼 열대림들로 뒤덮여 있었으며 이를 걷어내자 두껍게 쌓인 화산재가 나왔다. 기단부만 남겨 놓고 대부분 무너지고 파괴된 사원이 1,000년 동안 화산재에 묻혀 있었던 것이다.

보로부두르 사원에서 80km가량 동쪽으로 가면 불교 사원과는 전혀 다른 뾰족한 모양의 사원이 있다. 보로부두르 사원과 거의 비슷한

● 프람바난 힌두교 사원. 불교 사원과는 달리 이 사원은 거대한 바위를 섬세한 모양으로 끼워맞추면서 쌓아 올렸다. 주변 지역으로 수백 개의 이런 탑들이 산재할 정도로 이 지역에서는 종교 활동들이 왕성하게 이루어졌다. 가장 높은 탑은 47m에 달한다. 이 사원들은 1,000년 전에 세워진 것으로 알려져 있는데 대부분 화산재에 묻혀 있다 20세기 들어서 발굴이 이뤄졌다.

● 강력한 지진으로 무너진 힌두 사원. 복원공사가 진행 중인 가운데서 또 지진이 발생하면서 이곳은 발굴 이후 100년째 복원공사 중이다.

● 이슬람 아이들. 1,000년 전 불교와 힌두교가 공존하며 번성하던 이곳에는 지금 전인구의 90% 이상이 이슬람을 믿는다. 이슬람 학교에서 공부하는 아이들.

시기에 세워졌지만 프람바난(Prambanan) 사원은 불교 사원이 아니라 힌두 사원이다. 907년 무렵 산자야(Sanjaya) 왕조가 이 지역을 지배했으며 그들은 시바신을 섬겼다. 47m 높이의 탑 모양의 거대한 주 사원을 중심으로 여러 개의 사원들이 흩어져 있다. 주변 1km 이내 지역에 모두 237개의 사원이 있는 것으로 확인되었다. 사원은 크게 3개 그룹으로 나뉘는데 이는 우주 창조신인 '브라마(Brahma)'와 유지신인 '비슈누(Visnu)' 그리고 파괴의 신인 '시바(Shiva)' 신을 모시기 위한 것이다.

산을 깎아 그 위에 돌을 얹어 지은 보로부두르 사원과는 달리 프람바난 사원은 평지에 세워져 있다. 주먹 크기 정도에서부터 집채 크기의 돌들을 일일이 깎아 탑처럼 쌓아 올렸다. 퍼즐을 맞춰 놓듯이 돌을 끼워 맞춰 쌓아 올린 형태가 지극히 정교하다. 이 사원 역시 무너진 채 폐허로 방치되어 화산재에 묻혀 있다가 1900년 초가 돼서야 발견되면서 조금씩 복원이 이루어지기 시작했다.

그러나 필자가 이 사원을 방문했을 때는 인간의 위대한 솜씨보다는 자연이 주는 위험성을 더 느껴야 했다. 인도네시아 족자카르타에서 멀지 않은 곳에 있는 메라피 화산에서 강력한 지진으로 많은 탑 사원들이 무너져 내렸거나 무너질 위기에 처해 있었던 것이다. 무너지지 않은 높이 20~30m의 사원들도 무게를 지탱하는 기단들이 중간중간 빠져 나가면서 바람이라도 불면 금방이라도 무너져 내릴 듯 위태롭다. 이 때문에 프람바난 사원은 100년이 넘게 계속 복원 공사가 진행 중이다.

수십km를 사이에 두고 종교가 전혀 다른 두 왕조가 대립 없이 풍족한 생활과 문화를 누릴 수 있었던 것은 다름 아닌 주변의 비옥한 토양과 풍부한 지하수 때문이었다. 사원 주변 넓은 평지는 벼를 1년에 3번까지 수확할 수 있다. 이런 풍족함은 바로 수세기 전부터 메라피 화산이 폭발하면서 뿌린 화산재 때문이다. 해발 2,968m에 달하는 메라피는 129개에 달하는 인도네시아 화산 가운데 최대 크기다. 1994년 폭발로 분출된 용암으로 60명이 죽고 1930년에는 1,300명이 목숨을 잃을 정도로 주민들에게는 위험천만한 산이다. 그리고 2006년 6월에도 한 차례 화산재를 뿜어내면서 수십 명이 목숨을 잃기도 했다.

화산학자 반 벰멜렌은 1949년 『인도네시아의 지질』이라는 책에서 메라피 화산이 가장 큰 폭발을 일으킨 것은 1,000년 전쯤인 1006년

이라고 보고했다. 범위를 좀 더 확산시키더라도 9세기에 큰 폭발을 시작한 이래 12세기까지 폭발이 이어졌다. 이 때문에 자바 중앙의 마타람 문명이 고스란히 화산재에 묻혀 사라졌다.

필자가 메라피 화산을 찾았을 때는 화산 폭발의 위험이 가시지 않았던 2006년 9월이었다.

먼저 헬기로 둘러본 메라피 화산은 흰 가스 구름과 함께 간간히 '그르릉 그르릉' 하는 듯한 저음의 소리가 들려왔다. 화산 주변으로는 메라피가 뿜어낸 뿌연 화산재들이 땅으로 가라앉으면서 세상은 희뿌연 색 천지였다. 어릴 적 포장되지 않은 도로가에서 여름철 먼지를 뒤집어 쓴 건물의 모습이었다. 화산재 분출은 멎은 지 석 달이 다 됐지만 화산재는 여전히 온 대지를 덮고 있었다.

● 메라피 화산과 마을. 해발 2,968m의 메라피 화산은 지난 2006년 한 차례 분화를 일으켰다. 분화 이후 화쇄류들이 쏟아져 나오면서 경사면으로 거대한 계곡이 들어섰다. 화쇄류가 쏟아진 곳은 원래 사람들이 살던 마을이 있던 곳이었다. 이처럼 메라피 화산은 과거부터 언제든지 폭발할 위험성을 안고 있었지만 사람들은 화산이 주는 풍성한 혜택을 버리지 못하고 그 주변에 모여 산다.

메라피 화산을 둘러본 필자를 놀라게 한 것은 분출되고 있는 메라피 화산의 연기가 아니라 너무나 많은 사람들이 산자락을 주변으로 밀집해 살고 있었다는 것이다. 메라피 화산 폭발로 화산쇄설물들이 스쳐간 곳을 제외하면 사람들이 살지 않는 곳이 없었다. 비탈진 곳에서는 비탈면을 깎아 농사를 짓고 있었으며 평지는 벼농사로 빈틈이 없었다. 메라피 주변은 도시를 제외하고는 지구상에서 가장 인구 밀집도가 높다. 당장은 화산재 때문에 생활하기에 불편하지만 결국 이 화산재가 비료도 농약도 필요 없는, 작물에는 더 없는 영양소가 되기 때문이다.

그리고 보로부두르 사원과 프람바난 사원도 이 메라피가 뿌려준 화산재를 영양분으로 풍족한 왕국을 이어갈 수 있었다.

메라피가 문명의 영화와 파괴를 동시에 가져다 준 것이다.

생활의 일부가 된 화산

2006년 6월 메라피가 화산 폭발을 일으키면서 하늘로 올라갔던 대부분의 화산쇄설물들은 산의 북서 사면을 타고 쏟아져 내리기 시작했다. 논과 마을을 덮쳤다. 아름드리나무들은 화산재 폭탄에 쓰러지고 부러졌다. 이를 피해 지하벙커로 피했던 사람들은 화산재의 뜨거운 열기에 재가 되어 숨진 채 발견됐다. 시속 200km라는 엄청난 속도로 타고 내려온 쇄설물들은 산사면을 깊은 계곡으로 만들면서 10여km를 흘러갔다.

필자는 메라피의 지형을 잘 알고 있는 셰르파로 주민 5명을 고용해 메라피 등정을 시도했다. 당시 라마단 즉 금식 기간이었지만 필자

● 메라피 화산 주변의 마을과 논.

화산에서 뿜어져 나오는 화산재는 비옥한 토양을 만들어 주면서 한 치의 땅도 놀릴 공간이 없을 정도로 농경지로 개간됐다. 메라피가 있는 자바 섬 중앙은 이로 인해 고대로부터 자바원인이 나올 정도로 농작물 수확량이 많아 풍족한 생활을 영위할 수 있었다.

일행 단독으로는 등반이 불가능해지자 기꺼이 도와주겠다고 나선 것이다. 가장 문제가 되는 것은 등산로의 시작부터 끝까지 쌓여 있는 화산재였다. 발목 깊이에서 무릎까지 빠지는 화산재 때문에 걷는 것은 고사하고 코로 입으로 들어와 숨쉬기조차 극도로 어려웠다.

일행은 산을 오르던 도중 화산재 더미 속에서 화산재를 뒤집어 쓴 채 말라 죽어가는 작물들을 볼 수 있었다. 농부들은 그 작물을 갈아 엎으면서 또 새로운 씨를 뿌리고 있었다. 이들에게 화산재는 잠깐 농작물을 망치는 존재이면서 다음 농사를 풍족하게 만들어 주는 영양

● 화산재 분출 이후 1년 동안 가장 맑은 하늘로 기록된 날.
이 사진은 산 중턱 이상 올라와서 촬영한 것이다. 푸른 숲과 파란 하늘 그리고 하얀 구름을 배경으로 재색이 낀 메라피의 하얀 속살이 절묘한 색의 대비를 이룬다. 산 정상 부근에 보이는 연기는 메라피에서 내뿜는 화산가스와 수증기다. 3,000m에 육박하면서 산의 반대편으로 구름이 보이는 곳은 비가 뿌리고 있다.

● 메라피 중턱에 있는 마을. 메라피가 뿜어낸 화산재로 지붕이 뿌옇게 변해 있다.

분이었다. 비만 내리면 화산재는 씻겨가고 그 화산재가 거름이 된다. 화산은 두려움의 대상이면서 살아가는 원천을 만들어 주는 생활의 일부처럼 보였다. 물로서 무더운 인도네시아의 날씨와 화산재의 끈적거림을 막아 보지만 소용이 없었다. 짐꾼으로 따라나선 주민들은 먹을 것을 권해도 먹지 않는 바람에 미안해하며 숨어서 먹어야 했다. 현지인들은 6시간을 넘게 물 한 모금 마시지 않고 빵 한 조각 넘기지 않으면서 화산재가 날리는 산길을 무거운 짐을 지고 올라온 것이다. '종교의 믿음이 사람을 이렇게 강하게 만들 수 있구나' 라고 생각이 들 정도였다.

　가는 도중 화산을 관찰하다 숨진 한 화산학자의 초라한 무덤을 지나자 필자는 절대 넘어서는 안 될 것 같은 메라피가 그어놓은 선을 볼 수 있었다. 선글라스가 없으면 쳐다봐서도 안 되고 쳐다볼 수도 없는 파란 하늘을 배경으로 우뚝 솟아 있는 하얀 바위 산, 그리고 그 산 위로 흰 연기가 의식을 치루는 제단에 놓인 향불처럼 끊임없이 피어올랐다. 간간히 미세한 떨림 속에서 거대한 바위들이 맹렬한 속도로 아래로 쏟아졌다. 가만히 메라피 정상을 응시하자 화산을 찾아다니면서 아직 한 번도 느껴보지 못했던 두려움이 엄습해 왔다. 들릴 듯 말 듯 하지만 분명 용이 존재한다면 더 이상 다가오지 말라는 듯한 낮은 소리의 경고음이었다.

짐을 옮겨주던 주민들도 '더 이상 올라서는 안 된다' 라고 말한다. 그들은 이미 메라피가 허락한 지점을 알고 있었던 것으로 보였다. 필

● 메라피 등반 도중 만난 한 화산학자의 나무 십자가 무덤.
화쇄류에 휩쓸리면서 시체는 찾지 못하고 그 언덕에 십자가로 대신했다. 십자가에는 'P. WILLEM HENDRIK' 이라는 이름이 새겨져 있다.

|제3부 ● 문명 위에 선 백두산|

자는 이를 보면서 백두산 흑룡의 이야기를 떠올렸다. 백두산 화산이 만들어 낸 비옥한 땅의 혜택을 누리다가 다시 찾아온 화산 폭발은 너무나 두려웠을 것이다. 접근할 수 없는 백두산 화산은 흑룡이 만들어 낸 위협 그 자체였다. 그러나 화산재의 비옥한 토양은 또한 거부하기 힘든 옥토로 사람들을 불러 모았다. 화산은 문명을 만들고 문명은 화산 때문에 사라지고 또 그 위로 또 다른 문명이 만들어진다.

화산이 파괴의 신이자 곧 창조의 신인 것이다.

제4부

다시 화산이 된 백두산

火
山

【 백두산은 1903년 한 차례 분화 기록을 가지고 있듯이
언제든지 다시 폭발할 가능성이 높은 화산이다. 그 증거로
는 백두산 주변에 고온의 온천과 더욱 잦아진 지진 등으로
인한 여러 피해들이 나타나고 있다. 화산학자들의 공통된
견해는 백두산이 100년 이내에 재폭발할 것은 분명하며
그 규모의 문제가 남아 있다고 진단한다. 국지적인 분출인
지 아니면 1,000년 전 화산처럼 북반구를 뒤흔들 규모인
지는 아직 예측하기 어렵다. 】

백두산 다시 화산이 되다

백두산은 1903년 한 차례 분화 기록을 가지고 있듯이 언제든지
다시 폭발할 가능성이 높은 화산이다. 그 증거로는 백두산 주변에 고온의 온천과
더욱 잦아진 지진 등으로 인한 여러 피해들이 나타나고 있다.

2천 8백만 년 전 화산으로 생겨나다

해발 3,000m가 넘는 활화산들이 모여 있는 불의 땅 캄차카
는 한여름에도 눈이 녹지 않는다. 평지는 아름다운 꽃들로 뒤덮이지
만 조금만 산자락으로 들어서면 내린 눈들이 건물 2~3층 높이만큼
쌓여 있다. 그리고 폭발하지 않는 휴화산들 산등성이마다 빙하가 가
득하다. 화산의 강력한 압력과 뜨거운 용암이 분출하면 이들 빙하는
순식간에 녹아내리면서 라하르라는 화산 홍수가 된다.

필자는 해발 2,741m의 아반친스키 화산을 군용 헬기로 돌아볼 기
회를 가졌었다. 1991년 12월 한 차례 큰 폭발을 일으키면서 화산재
와 화산 홍수를 내뿜은 아반친스키 화산은 경사도가 급한 산등성이

와 거대한 골짜기가 빗질을 해놓은 듯 사방으로 나 있었다. 폭발은 언제든 다시 일어날 것을 예고하듯 정상에는 화산가스가 분출하고 있었고 눈과 빙하는 뜨거워진 지표면 때문에 더 이상 쌓이지를 않았다. 눈이 녹지 않는 곳의 단면을 잘라 보면 이곳을 중심으로 한 화산 활동이 얼마나 다양하게 이뤄져 왔는지를 한눈에 알 수 있다.

눈이 쌓여 그 무게에 눌려 시간이 지나면 얼음이 되고 빙하가 된다. 그 위로 화산재가 쌓이고 또 눈이 내리고를 반복하면 단면이 말 그대로 하얀 시루떡에 팥고물을 넣은 것처럼 겹겹이 맛있는 모양새를 연출한다. 캄차카 화산연구소의 세르게이 박사는 "녹지 않는 눈이 얼음이 되고 빙하가 되면서 어느 날 강력한 화산 폭발과 만나면

● 연기를 뿜어내고 있는 아반친스키 화산(2,741m).
1991년 폭발로 상층부가 날아가 버렸다. 이때 쏟아진 화산 분출물들은 쌓여 있던 빙하를 녹이면서 화산 홍수가 돼 산등성이로 쏠려 내려갔다. 지표면이 여전히 뜨거운 열기 때문에 눈이 쌓이지 못하고 있다. 사진에서는 그리 크게 보이지는 않지만 산 정상의 칼데라는 지름이 500m에 달하는 거대한 규모다.

● 쌓인 눈이 녹지 않으면 얼음이 되고 이것이 되풀이 되면 빙하가 된다. 이런 눈과 빙하 사이에는 화산 폭발의 흔적들이 고스란히 남아 있다. 사진은 빙하의 단면을 절개하는 캄차카 화산연구소 세르게이 박사.

화산재와 뒤섞여 파괴적인 홍수로 돌변한다. 캄차카가 천혜의 자연으로 남아 있는 이유도 라하르로 사람들의 접근이 어렵기 때문"이라고 말했다.

　캄차카의 이런 시루떡 눈에 쌓인 화산 폭발의 역사는 백두산에서도 그대로 나타난다. 그러나 백두산에서는 눈과 빙하가 아니라 땅 속에 층층이 남겨져 있다. 여기서 천지 화산재가 쌓인 흔적을 쫓아 백두산 생성의 역사로 되돌아가 보자.

　　옛날에 한 거인이 있었다. 이 거인은 워낙 거대한지라 옷을 해 입을 수가 없어 임금님에게 딱한 사정을 하소연하였다. 이에 임금님은 삼남지방의 공포(公布)를 모두 그에게 주어 옷을 만들게 하였더니, 거인은 겨우 잠방이 하나를 만들 수 있었을 뿐이었다. 그래도 어찌 좋았던지 거인은 문경새재에 올라 춤을 추었다. 그러나 이 때문에 삼남지방이 거인에 가려 흉년이 드니 백성들의 원성으로 인하여 거인은 만주

땅으로 쫓겨나고 말았다. 거인은 허허벌판에서 먹을 것을 찾아 헤매
다가 배고픔을 이기지 못해 마른 흙을 움켜 먹고 바닷물을 들이마셨
다. 하지만 속이 요동치면서 설사를 시작하자 그 배설물로 인하여 백
두산이 생겨나고 그 주변으로 산과 압록강, 두만강 등 강들이 생겨났
다. (손진태, 『조선민담집』)

백두산이 태어난 것은 한 번의 진통이 아니라 수천만 년에 걸친 오
랜 세월 땅의 움직임이 만들어 낸 결과다.

2천8백40만 년 이전까지 백두산 일대는 광활한 벌판이었다. 지금
의 만주 벌판과 같이 평평하고 넓은 들판으로 이루어져 있었다. 그러
나 그 당시에도 땅 속 깊은 곳에서는 맨틀에서 솟아나온 마그마의 근

● 오래전 백두산은 이처럼 원뿔 모양의 급경사의 산을 이루었다. 그 주변의 고원들도 높아져
사계절 눈이 녹지 않고 쌓여 산 중턱에는 빙하로 덮혀 있었다. 사진은 러시아 캄차카 카략스키
화산(3,456m).

원지인 열점(hot spot)이 존재하고 있었다. 그러던 어느 날 이 마그마 가운데 일부가 백두산 일대의 갈라진 틈새를 통해 땅 밖으로 쏟아져 나온다. 이때부터 백두산 일대는 마그마로 조금씩 높아져 가기 시작한다. 그리고 2천3백만 년 전부터 1천9백만 년 전까지 4백만 년의 시간 동안 엄청난 양의 마그마가 또 대지로 솟아올라 왔다. 이때 분출된 마그마로 인해 들판이던 백두산 일대는 용암이 만든 거대한 고원 대지가 형성됐다.

이런 과정이 수차례 반복되면서 용암대지는 높아가기 시작했다. 이후 백두산은 1천만 년의 긴 휴식기간을 갖는데 다시 분출을 시작한 것은 4백43만 년 전부터다. 이때는 용암대지 일대에 틈새 분출이 되면서 동시에 백두산을 중심으로 화산 분출이 거세게 일어났다. 평탄했던 고원은 이제 완만한 경사를 이룬 넓고 평판한 용암고원으로 변했고 백두산을 중심으로는 둥근 방패를 엎어 놓은 듯 완만한 경사를 갖는 화산이 생겨났다. 산의 모양이 나타나기 시작했는데 이를 백두산 순상화산체라 한다. 당시 백두산 남서쪽에 백두산의 쌍둥이 동생인 망천아 화산도 함께 형성됐다.

백두산이 장대한 산이 된 것은 그로부터 한참 뒤인 61만 년 전부터 8만 7천 년 까지 있었던 분출 때문

● 가운데 있는 것이 백두산이며 왼쪽이 백두산과 쌍둥이 화산인 망천아다. 그리고 오른쪽이 북한 국경 내에 있는 남포태산에 해당한다. 백두산은 마그마가 솟아오르면서 분지가 형성되고 그 위로 다시 마그마가 뿜어져 나오면서 생겨났다. 망천아는 해발 2,438m, 남포태산은 2,434m에 달한다.

이다. 이 긴 세월 동안 백두산을 중심으로 화산이 간헐적으로 분출했다. 그러면서 백두산은 한 층 한 층 높아져 갔다. 이때 백두산은 원뿔처럼 경사가 급한 화산, 즉 백두산 성층화산체로 변했다. 이 기간 동안 지구는 빙하시대를 여러 차례 맞았으며 백두산에도 빙하기의 혹독한 시기를 겪었다. 이후 백두산은 5,000년 전 거대 분화를 일으키면서 천지 부근이 약간 함몰되기 시작했다. 그러나 약 1천 년 전 백두산이 폭발적으로 화산이 분출하는 바람에 분화구의 물질들이 공중으로 날아가 버리면서 산 정상이 함몰돼 버렸다. 그때 내려앉은 백두산 정상에는 지하수가 솟아나고 빗물이 고여 지금의 천지가 됐다.

백두산에서 분출된 역사의 흔적들은 일본 북부 아키타 현의 가장 서쪽에 위치한 오가 반도(南魔半島)에 고스란히 남아 있다. 도끼 모양의 오가 반도는 50만 년 전에는 바다 속에 있던 땅이었다. 백두산에서 거대한 화산 폭발이 일어나면 그 재는 고스란히 바다 속에 가라앉으면서 쌓이는데 어느

● 백두산 화산 폭발의 흔적인 부석층. 두만강변을 따라 도로 공사 중인 절개면에는 이처럼 백두산 화산 폭발의 분출물들이 층층이 쌓여 있다. 콘크리트 공사를 한 위쪽으로 나 있는 바위 위로 회색 층이 부석이다. 그 위로 토양과 나무들이 자라는 것은 1,000년 전 부석층이 쌓이고 난 뒤에 생겨났다.

● 일본 오가 반도에 쌓여 있는 백두산 분화의 흔적들. 오가 반도는 동해바다에서 솟아오른 지형이기 때문에 과거 토양의 보존상태가 아주 좋다. 사진은 부산대 윤성효 교수가 백두산 분화의 흔적을 찾고 있는 모습.

● 사진 속의 까만 부분이 50만 년 전 백두산에서 날아와 쌓인 부석층에 해당한다. 우측이 동경도립대 마치다 교수

날 바다 속 땅이 솟아오르면서 지금의 오가 반도가 되었다. 거대한 모래 성벽처럼 반도의 바닷가를 따라 길게 나 있는 이곳에는 오랜 세월 전인 50만 년 전쯤 백두산에서 분출한 화산재가 두터운 층을 이루며 쌓여 있다. 이곳을 안내한 동경도립대 마치다 히로시 교수는 백두산에서 날아온 화산재가 가장 온전하게 보전되어 있는 지역이라고 했다.

이렇게 산과 바다와 눈 속 빙하에 쌓여 있는 화산재는 백두산이 가려운 몸을 이기지 못해 꿈틀거린 장대한 화산 역사의 일기며 그 용트림의 흔적을 고스란히 전해 주고 있는 것이다. 단 수십cm의 길이 속에 백두산 화산 폭발의 역사가 층층이 역사책처럼 쌓여 있는 것이다.

일본 지질조사소가 동해 시추코어에서 건져 올린 해저 토양에도 백두산 화산 분화의 기록이 잘 남아 있다. 백두산에서 600~900km 떨어진 동해 지점에서 건져 올린 50cm가량의 해저 토양에서는 88,000년 전과 53,000~55,000년 전 그리고 48,000~51,000년 전 30,000년 전의 백두산에서 날아온 화산재들이 쌓여 있다. 그리고 5,000년 전과 함께 1,000년 전의 화산재가 15cm 두께로 나타나 화산 폭발의 위력이 엄청났음을 증명하고 있다.

백두산, 금세기 대분화를 예고하다

화산 재분출의 징후들

중국을 통한 백두산 관광을 해 본 사람들이라면 누구나 펄펄 끓는 온천수에서 삶은 계란을 맛보았을 것이다. 유황 냄새가 비릿하게 나는 이 계란은 장백폭포 아래에서 솟아나는 장백온천수에서 삶은 것이다. 노른자는 보통 단단하게 익었지만 흰자가 제대로 익지 않아 먹을 때 모양새가 좀 사납다.

장백온천의 물 온도는 최고 80도까지 올라간다. 여름철에도 60~70도가 넘어 백두산 온천 가운데 온도가 가장 높다. 그러나 이런 백두산에 뜨거운 온천수가 솟아난다는 것 자체가 백두산의 지하 마그마가 평안하지 않다는 것을 의미한다. 백두산에는 이처럼 계란을 삶을 수 있는 장백온천을 비롯해 천지 북쪽 기슭의 백암온천과 백두온천 그리고 백두산 남서쪽 경사면에 있는 제운온천 등이 있다. 이 밖에도 백두산 북쪽의 해발 1,875m에는 갈천, 세안천이 있다. 백두산 온천

|제4부●다시 화산이 된 백두산|

은 물이 솟아오르는 양이 매우 많다. 그러나 철에 따라 조금씩 달라진다. 제운온천이 가장 많게는 1시간에 24톤의 물이 솟아올라 장백온천에서 가장 많이 솟아나오는 양보다 무려 4배나 많다.

이런 백두산의 온천들은 화산 활동이 남긴 유물이다. 온천이 조밀하게 분포되어 있다는 것은 그 지대가 화산의 근원으로부터 열 영향을 많이 받는다는 것을 뜻한다. 그리고 온천의 수온이 매우 높다는 것은 비교적 가까운 시기에 화산 활동이 있었을 뿐 아니라 온천으로부터 그리 깊지 않은 곳에 마그마나 열의 원천이 있다는 것을 뜻한다. 이를 증명하듯 온천수의 온도가 최대 83도까지 기록되기도 했다.

또 다른 화산 가능성의 증거는 지진이다. 2002년 8월 20일 중국 국

● 땅 속에서 끓어오르고 있는 온천수. 최고 83도까지 측정되기도 했다.

가지진국 천지화산관측소의 지진 바늘을 뒤흔드는 강력한 지진이 일어났다. 지진은 아주 짧은 시간 멈췄지만 이 지진을 시작으로 백두산에서 화산성 지진의 발생횟수는 그 전과는 비교되지 않을 정도로 많아지고 강도도 높아졌다.

8월 20일 이전에는 진도가 리히터 규모 2.0을 넘지 않은 지진이 월평균 30여 차례에 불과했지만 이후 80여 차례로 크게 늘어났다. 특히 2005년 7월에는 무려 228차례의 화산성 지진이 감측됐다. 천지화산 부근에서 발생한 화산성 지진의 최대 규모는 2002년 리히터 규모 2.9에서 2003년에는 3.2 그리고 2004년에는 3.8, 2005년에는 4.0으로 점차 커져 갔다. 이처럼 지진의 발생횟수가 많아지고 강도도 높아지면서 한정된 지역에 잇따라 여러 차례 발생하는 작은 지진들인 일명 군발지진(群發地震)도 잦아지고 있다.

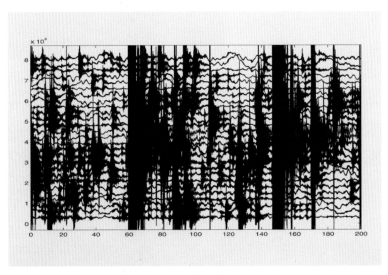

● 2002년 8월 20일 장백산 지진관측소에서 측정한 지진계. 이 지진이 관측된 이후 천지를 중심으로 한 백두산에서는 지진의 횟수는 늘어나고 강도도 더욱 세졌다. (자료: 웨이 하이첸 박사)

|제4부●다시 화산이 된 백두산|

북한 화산연구소 김항명 소장은 2006년 9월 조총련 기관지인 〈조선신보〉와의 인터뷰를 통해 "2006년 중국 동북 지방에서 리히터 규모 7.3의 지진이 일어난 이후 백두산의 화산성 지진이 약 5배로 증가했다"면서 "백두산은 사화산이나 휴화산이 아니라 '활화산'이라는 것이 밝혀졌다"고 말했다.

  이런 지진과 함께 특징적인 부분은 말라 죽어가는 백두산 원시림이 늘고 있다는 것이다. 화산 활동의 하나인 유독한 화산가스인 이산화탄소의 방출이 심해지면서 천지 외륜산 주변 나무들이 잎이 시들면서 서서히 고사목으로 변해 가고 있다. 필자는 백두산과 함께 화산 폭발의 징후가 있는 캄차카와 인도네시아 메라피 화산 주변에서 멀쩡하게 서 있는 나무들이 무더기로 잎이 시들어 가면서 노랗게 죽어가는 나무들을 흔히 볼 수 있었다.

● 화산 분출이 임박해지면서 유독한 가스 분출이 늘어난다. 그러면 주변에 있던 식생들이 고사하는 경우가 생긴다. 백두산 주변에서 고사목들이 많이 발견되고 있다.

● 서울대 지구환경과학부
문우일 교수.

　　서울대 지구환경
과학부 문우일 교수
팀은 1990년대 초
부터 인공위성 음파를 통한 백두산의 움직임을 관찰해 왔다. 그랬더
니 1년 단위로 백두산이 2~3mm 정도 융기 즉 솟아오르는 것으로 관
측되었다. 문우일 교수는 이 수치에 대해 "얼핏 보면 미세한 것 같지

● 백두산 음파위성사진.
음파로서 백두산의 변화여부를 측정한 위성사진이다. 서울대 지구환경과학부 문우일 교수는
이 위성사진을 바탕으로 백두산이 1년 단위로 2~3mm 솟아올랐다고 보고했다. 문 교수는 특히
백두산은 솟아오르는 반면 인근 망천아는 내려앉는 것으로 관측됐다며 이것은 백두산이 활화
산인 뚜렷한 증거로 화산학적인 재해 대비를 서둘러야 할 것이라고 강조했다.

만 10년, 100년 단위로 보면 무시할 수 없는 계산 값이며 이를 화산
학적으로 환산해 그 폭발 시기에 대한 정밀 분석이 본격적으로 이뤄
져야 한다"고 강조했다. 무엇보다 변화가 나타난 것은 백두산 지하
깊은 곳에 있는 마그마의 변화가 있기 때문이라는 분석이다.

 TVO 즉 중국 천지화산관측소의 지진 기록은 문 교수의 관측 기록
보다 훨씬 더 심각한 현상을 반영한다. GPS를 통한 관측과 온천의
성분 분석 등을 통해 마그마가 살아 움직인다는 것을 감지했다. 이는
2002년부터 2005년까지 산 정상부가 10cm가량 팽창했으며 2002년
9월부터 2005년까지 천지 칼데라 주변의 지층이 7cm 이상 솟아올랐
고 2002년부터 2003년까지 천지 온천수에서 수소와 헬륨 함량이 이

● 마그마 방의 움직임 시뮬레이션.
위 그림은 천지를 위에서 내려다보면서 마그마의 위치를 나타내고 아래 그림은 마그마 방의
깊이를 보여준다. 위 그림에서 빨간 점을 보면 지난 2002년에 비해 마그마는 일 년 사이 천지
호수를 중심으로 몰리는 것을 확인할 수 있다. 그리고 마그마 방의 깊이도 조금 더 상승했다.

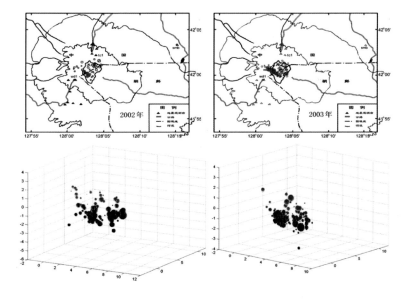

상하리만치 증가한 것이다.

필자는 중국 국가지진국 웨이 하이첸 박사로부터 한 가지 흥미로운 자료를 받았다. 바로 백두산 천지 아래로 화산 폭발의 근원점인 마그마 열점의 움직임을 나타낸 것이다. 백두산 천지 지하에는 -10km, -20km, -28km, -32km 지점에 4개의 마그마 방이 있다. 하지만 이 마그마 방이 천지 수면으로 상승하고 있다는 시뮬레이션 결과가 나왔다. 특히 2004년 9월 8일 발생한 리히터 규모 3.8의 지진은 천지 수면 아래 10km 지점보다 훨씬 더 솟아오른 것으로 관측됐다. 무엇보다 지표면에서 지하수가 틈새를 타고 스며들면 이 물이 화약의 심지처럼 폭발을 부채질한다. 마그마 방이 지표로 상승하면 할수록 이럴 가능성은 더욱 높아진다. 이 가운데 일부 마그마는 마그마 방으로부터 분리되면서 상승해 잦아진 지진의 근원이 되고 있다는 분석이다.

이를 종합해 보면 백두산은 휴화산이 아니며 화산 폭발의 징후를 가득 가진 활화산이 된다. 문제는 폭발을 언제 하느냐에 달려 있다. 이에 대해 웨이 하이첸 박사는 백두산이 100년 이내에 폭발할 확률을 10~20%로 잡았다. 이는 100년 뒤에 백두산이 화산 폭발을 일으킨다는 것이 아니라 당장 지금 또는 내년에라도 폭발할 수 있다는 것이다.

이 때문에 중국 길림성 연변 조선족자치주정부는 중앙정부의 방침에 따라 2003년 4월 '창바이 산 천지 화산 재해 응급대책'을 새로 제정해 공포했다.

● 한여름 백두산 위성사진. 백두산은 1903년 한 차례 분화 기록을 가지고 있듯이 언제든지 다시 폭발할 가능성이 높은 화산이다. 그 증거로는 백두산 주변에 고온의 온천과 더욱 잦아진 지진 등으로 인한 여러 피해들이 나타나고 있다. 화산학자들의 공통된 견해는 백두산이 100년 이내에 재폭발할 것은 분명하며 그 규모의 문제가 남아 있다고 진단한다. 국지적인 분출인지 아니면 1,000년 전 화산처럼 북반구를 뒤흔들 규모인지는 아직 예측하기 어렵다. (사진제공: 일본 도호쿠대학 타니쿠치 교수)

재분출시 나타날 수 있는 문제들

중국 국가지진국 지질연구소는 2003년 11월 「길림 동부 화산의 미래 폭발 위험성 연구」라는 보고서에서 천지의 산사태로 인한 홍수 재해 발생 가능성을 공식 제기했다. 천지에 저장된 20억 400만 톤에 달하는 물이 화산 폭발하거나 대규모 화산성 지진으로 인한 산사태 등이 발생할 경우 광범위한 재해와 파괴가 뒤따라 주변 지역에 중대한 위협이 될 것이라는 경고도 빠뜨리지 않았다. 특히 화산성 지진의 빈도가 늘어나면서 크고 작은 산사태가 일어나고 이로 인해 천지 물이 균형이 깨져 대량의 홍수를 유발할 수도 있다.

홍수는 화산 분화구에서 분출된 이후 천지 둘레에 쌓여 있던 퇴적물들이 산사태로 천지에 들어가면서 그 부피로 인해 천지 수면이 높아지면 장백폭포 상류인 통천하(通天河)를 통해 이도백하 방향으로 쏟아져 나올 것이 예측된다. 이는 이도백하 아래로 10만여 명이 넘는 사람들에게 치명적인 재해가 될 수 있다.

중국 국가지진국의 친친유 박사는 백두산 화산 재폭발로 인해 발생할 수 있는 재해 가운데 마그마의 재해 결과를 예측했다. 마그마는 북쪽으로 30~60km까지 이동한다. 이때 용암의 온도는 1,000~1,300도로 예상되며 초당 10m씩 달리는 것으로 예측됐다. 이 정도면 마그마가 지나는 길에 있는 마을과 도시들은 큰 피해가 불가피하다는 게

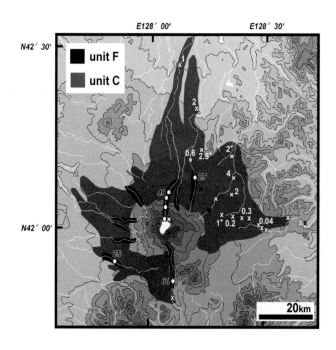

● 1,000년 전 화산 분출 때의 화산쇄설물 분포도.
지도에서 옅은 까만색 부분이 모두 엄청난 양의 화산쇄설물로 초토화됐던 지역에 해당한다. 특히 북쪽 방향으로 화산이 많이 이뤄진 것을 볼 수 있다. 백두산이 재폭발하면 1차적으로 화산쇄설물이 경사면을 타고 퍼져 나가는 면적만 이 정도에 해당한다. 그러나 잇따라 화산 홍수와 화산재가 들이닥치면 그 범위는 예측하기 힘들다. 남동쪽에는 특별한 표시가 없는 것은 북한 국경 이내로 조사가 이뤄지지 않았기 때문이다. (그래픽: 일본 도호쿠대학 타니쿠치 교수)

친친유 박사의 설명이다.

그러나 백두산 재폭발은 단순히 마그마 분출만으로 그치지 않는다는 게 화산학자들의 견해다. 필자는 여기에서 백두산 화산 재폭발이 1,000년 전 규모의 절반 정도로 가정하고 그 피해를 상상해 봤다. 엄청난 양의 마그마 분출 이후 화산은 폭발적인 화산재를 공중으로 뿜어내기 시작한다. 빌딩과 도로가 용암과 화산재에 덮여 무너지고 이동이 불가능해진다. 논에 자라는 곡식들은 화산재를 뒤집어 쓴 채 말라 들어간다. 발전소도 가동을 중단했으며 화산재의 미세한 먼지가 스며들면서 통신 전자기기는 모두 먹통이 된다. 차량 엔진에도 영향을 미쳐 이동 수단이 사라지면서 사람들은 제자리에서 공포에 떨게 된다.

유독한 화산가스가 발생해 피해 지역을 확산시키고 화산가스가 들이닥친 지역에서는 동물들은 살아남기 힘들며 곧 치사한다. 또한 화쇄류가 발생해 사람들의 폐에 영향을 주어 막대한 인명 피해를 야기한다. 화산재는 항공기의 주요 엔진을 차단해 버린다. 살아남은 사람들은 지하 대피시설 등에 숨거나 특수 마스크를 해야 생존할 수 있다. 하지만 구조의 손길이 빨라야 생존을 보장받을 수 있지만 부석 등으로 최소 수m가량 쌓여 있는 화산재를 치우고 구조대가 접근하기란 불가능에 가깝다. 다시 엄청난 양의 강하 화산재가 분화구로부터 25km 상승해 태양빛을 차단하고 북한과 중국, 일본은 물론 남한과 몽골, 러시아 지역, 베트남까지 동아시아 전역은 화산재의 영향에 놓이게 되고 따라서 백두산을 중심으로 수천km 내에는 캄캄한 밤이 며칠 간 지속되고 한겨울이 찾아온다.

제5부

장백산에 가린 백두산

白頭山

【 북한과 중국이라는 국경선이 버젓이 두만강을 경계로 넘을 수 없는 선이 되고 그 세월이 수십 년을 넘기면서 민족의식조차 희박해지고 있는 것 또한 현실이다. 또 이러한 세월이 더 흘러가면 '조선족'은 '여진인'처럼 오랑캐로 불릴 정도로 이민족 취급을 받지 말라는 법은 없을 것이다. 】

만주는 살아 있다

만주 지역은 활발한 벼 생산지로 그 옛날 발해를 먹여 살린 밑바탕이 되었다.
926년 발해가 멸망하면서 만주 지역은 한민족의 역사에서 사라졌다고 하지만
만주는 왕조의 단절이었지 주민의 단절은 아니었다.

필자는 2006년 5월 한 방송사에서 방영한 다큐멘터리에서 한 소수
민족의 생김새를 보고 적잖이 놀랐었다. 러시아 연해주의 한 소수민
족인 이들은 생김새가 한국인들과 너무나 흡사해 우리네 산골마을
사람으로 오해를 할 정도였다. 시베리아 타이가 숲 속에 사는 '우데
게' 족인 이들은 그곳에서 사냥과 어로작업으로 생계를 이어가는데
외부와의 고립과 적응 실패 등으로 겨우 750여 명 만이 순수혈통으
로 남아 있었다.

제작진은 프로그램에서 이 소수민족을 발해의 후손으로 추정하고
이에 대한 추적 작업에 들어갔다. 단국대 생물학과 김욱 교수팀이 우
데게 사람의 샘플을 채취해 한국인 집단과의 관계를 유전학적으로
추적했다. 혈액과 머리카락에 비해 추출이 쉽고 거부반응이 적은 입

속의 상피세포를 채취해 미토콘드리아DNA와 Y염색체를 분석하자 한국인 집단과 적어도 30%의 유전적 동질성을 공유하고 있는 것으로 나타났다.

이를 두고 김 교수는 "우데게는 몽골인, 시베리아인과 유전적으로 아주 가깝다."면서 "우데게가 한국인 집단 형성에 기여하기도 했지만 동시에 한국인 집단에게서 유입된 유전자가 우데게의 유전자 풀을 형성하는 데 기여한 것으로 보인다"라고 밝혔다.

우데게족을 발해인이라고 단정하기는 어렵지만 그 실체에 대해서는 한 발짝 다가선 것만은 분명해 보인다. 다큐멘터리에서처럼 어떻

● 두만강 상류 지역. 한달음에 건널 수 있을 정도로 강폭이 좁다.

게 이들이 이 지역에서 발해인이라는 유사성을 지니고 살아가는 지는 풀어야 할 숙제로 보인다.

조선족 자치구인 연길 외곽을 차량으로 달리다 보면 너무나 눈에 익은 듯한 풍경에 놀라게 된다. 나지막한 산이며 마을 그리고 심어놓은 옥수수며 자그마한 강까지 그 강에 노는 오리까지 너무 닮았다. 여기에 익숙한 풍경을 더하는 것이 벼가 심겨져 있는 논이다. 초여름 하루가 다르게 자라나는 벼는 이 지역의 주요 농산물이다. 아열대 작물인 쌀이 이 지역까지 올라온 역사는 그 옛날 발해시대에도 볼 수 있었던 풍경이다. 하지만 발해 멸망 이후 한때 사라진 작물이 되었다가 다시 부활한 것은 일제 치하 두만강을 건너간 조선족 때문이다.

평평한 들에 물을 대고 논을 갈아엎어 벼를 심었다. 조선족의 벼농사는 서쪽과 북쪽으로 확대되면서 지금은 내몽골 사막 지역까지 뻗어 있다. 강이 있으면 그곳엔 조선족이 모여 산다는 말이 있을 정도로 벼농사를 위한 수리에 뛰어난 지혜를 보였던 것이다. 여기서 조선족과 한족의 벼논 차이를 확인하는 방법이 있다. 쌀의 수확량을 늘리는 많은 시행착오를 거친 조선족은 모내기를 할 때 줄을 쳐서 반듯하게 심는다. 하지만 뒤늦게 모내기를 배운 한족들은 모를 던지듯 심어 논에서 자라는 벼가 무질서하게 보인다. 이는 나중에 벼 수확량에도 상당한 차이를 보인다.

만주 지역은 활발한 벼 생산지로 그 옛날 발해를 먹여 살린 밑바탕이 되었다. '926년 발해가 멸망하면서 만주 지역은 한민족의 역사에서 사라졌다'라고 한다. 하지만 필자는 취재 과정에서 만주는 왕조의 단절이었지 주민의 단절은 아니었음을 알 수 있었다. 먼저 발해

● 쌀은 그 옛날 발해의 국력의 밑바탕이 되는 산물이었으며 지금은 조선족의 주요 농산물이
되고 있다. 만주에서 벼가 반듯하게 심겨져 있으면 그곳은 조선족 마을이 있을 정도로 수리와
벼 재배에 우수한 능력을 지녔다.

멸망과 함께 시작된 발해 부흥운동은 본격적으로 시작된다. 후발해를 시작으로 정안국과 흥요국 그리고 고욕의 발해 부흥운동에 이어 고영창의 대발해국까지 200여 년 간이나 이어진다. 이들 발해 부흥운동 시기에 세워진 나라들은 활발한 외교 활동도 이루어지면서 사실상 발해를 계승한 것과 다름없었다.

필자는 여기서 발해 멸망 이후 200여 년 간 이어진 발해인들의 '내투'에 대한 변화를 비교해 봤다. 발해 멸망 이후 초기 내투의 유형은 발해의 장군이나 관직에 있는 사람들의 정치적 망명으로 볼 수 있다. 하지만 938년 이후 중단되었던 내투가 41년 만에 다시 기록에 나타났을 때는 그 성격이 크게 달라진다. 이때부터는 발해인이 아니라 거란이나 여진족의 이름으로 등장했기 때문이다. 초기 938년까지는 내투한 사람의 절대 다수가 발해인들이었다. 하지만 1016년 이후 발해인들보다는 거란과 여진으로 기록된 망명자는 25,000여 명에 달한다. 이를 두고 경성대 사학과 한규철 교수는 지금까지와는 다른 해석을 내놓았다. 즉 거란과 여진이라는 이름의 내투자들도 멸망한 발해의 후예라는 것이다.

고려로 넘어온 사람들은 대략 10만에서 많게는 30만 명에 달한다. 하지만 발해의 영토에는 많은 사람들이 고향을 떠나지 않고 남았다. 대부분 벼농사 때문에 이동을 포기한 것으로 해석된다. 그러나 이들은 거란에 종속되지도 않고 고려로 망명길에 오르지도 않은 사람들로 뒤에 여진족이라 불린다. 대략 백두산을 기점으로 동쪽과 북쪽 지역에 있던 사람들인 이들을 생여진(生女眞)이라고 하는데 거란에 동화되지 않은 사람들이 대부분이다. 이에 반해 발해가 멸망하고 완전히 거란에 동화된 사람들이 있었는데 이들은 숙여진(淑女眞)이라 불린다. 이들 숙여진은 여전히 만주벌 곳곳에서는 발해 부흥운동이 활발히 진행되고 있었지만 발해 멸망이 장기화되면서 왕조에 대한 의식 자체가 흐려지면서 거란에 급속하게 동화되고 거란 사람이 됐다.

이런 가운데 후발해가 쇠퇴한 이후 부흥운동의 새로운 구심점이 바로 생여진으로 모아진다. 거란에 대해 투쟁적인 생여진에서 새로운 왕조건설을 위한 반거란 운동과 친고려 노선의 대외교섭의 중심이 되어가고 있었다. 그런데 이들 생여진 부락들의 초기 대외 활동은 주로 생계유지를 위한 것이어서 고려에 대해서는 친선과 약탈이라는 양면적 모습으로 나타난다. 고려 조정은 이를 두고 '인면수심(人面獸心) 즉 사람 얼굴에 짐승 마음을 가진 사람들'로 간주하기도 했다. 이후 거란과의 투쟁적인 모습을 보였던 이들은 뒤에 금나라를 이루는 세력이 되었다. 발해 멸망으로 왕조의 역사는 단절됐지만 주민들의 역사는 거란과 여진으로 계승되어 왔다고 할 수 있다.

이에 여진에 대해서는 발해 왕조시대 피지배 계층인 말갈족이라는 이론이 유력하다. 고구려를 계승한 발해인들과는 달리 말갈은 전혀 다른 민족이라는 것이다. 그러나 여기에서 '말갈(鞨鞨)'이라는 용어에 대해 해석해 볼 필요가 있다. 말갈은 당에서 바라볼 때 변방의 오랑캐로 불리는 뜻이다. '말갈'이라는 용어 자체가 자칭이 아니라 다른 사람이 불러서 된 것으로 변방, 즉 변두리에 있는 사람을 낮춰서 부르는 종족명이고, 동북 지방에 있는 이민족을 중국에서 통틀어서 부르는 이름이다. 한규철 교수는 이를 두고 "서울 사람들이 부산 사람을 가리켜 '부산말갈'이라고 부르는 것과 같다"는 예를 들기도 했다. 당에서 불렀던 말갈은 고구려인들을 비롯한 그 주변 지역 모든 민족을 통칭한 것이며 차별적으로 불렀던 용어에 불과했다.

이런 발해 유민들은 이후 거란이나 여진으로 『고려사』에 등장한다. 즉 발해 멸망이 장기화되면서 발해라는 용어 자체가 서서히 사라져 가고 있음을 보여준다. 여기에다 여진이 세운 금나라의 역사책인 『금사』는 '발해와 여진을 본동일가(本洞一家)'로 기록해 놓았다. 즉 발해의 유민들이 모여 여진을 세웠으며 여진족의 구성은 곧 발해의 후손들이라는 해석이 되는 것이다.

이를 다시 정리해 보자.

발해는 거란의 침략을 이기지 못하고 결국 멸망한다. 왕실이 망한 발해 백성들은 거란 침략자를 피해 고려로 대거 망명하였다. 그러나 더 많은 사람들이 자기 고향에 남아 '계단(契丹)'인이나 '여진(女眞)'인이 되었다. 이들 가운데는 비록 거란 통치 아래였지만 '발해'인으로서의 자부심을 갖고 거란과 맞서거나 대항해 싸웠던 유민들도 있었다. 즉 이들은 발해 멸망 직후 '대발해'와 '정안국'을 건설했

으며 100여 년이 지나서도 대연림과 고영창이 각각 '흥요국'과 '대발해국'을 건설하기도 하였다.

발해국 부흥운동은 모두가 실패하였는데 이들 유민들은 부흥운동 실패 이후 대거 고려로 망명하였다. 이들은 부흥운동 과정에서 '흥요국'과 같이 고려에 다섯 차례나 군사적 지원을 요청하는 등 발해가 신라에 도움을 청했던 것과 같은 과정을 밟기도 하였다. 그러나 모두 거절되었다. 따라서 발해 멸망이 갖는 역사적 의미는 그 역사의 대부분이 거란과 여진사로 계승되었다는 것이다.

발해 역사의 주체였던 발해국의 주민들 또한 모두 역사 속으로 사라진 것은 아니었다. 비록 부흥운동에 대한 기록은 적지만 후발해 등과 같은 부흥운동으로 인한 국가들이 상당 기간 존재하고 있었기 때문이다. 또한 발해 부흥운동이 실패한 후에도 그들의 역사는 비록 이민족의 지배 밑이었지만 거란 역사에도 일정하게 계승되고 있었다.

이러한 사실은 거란 조정을 비롯해서 거란군에는 상당수의 발해 유민들이 있었고 더 많은 피지배주민들은 어쩔 수 없이 거란 사람으로 생활하고 있었

● 한민족의 역사를 남북국시대로 바라보는 시각이 필요하다. 발해를 우리 민족사로 주장하면서 정작 발해 멸망 이후 한반도 북부와 만주에 대한 조명은 없었다. 발해의 유민들은 멸망 이후 어디로, 그리고 어떤 길을 걸으면서 지금에 이르렀는지에 대한 고찰이 필요하다.

|만주는 살아 있다|

다는 점에서 확인되고 있다.

　고구려연구재단의 김은국 박사는 이에 대해 다음과 같은 민족 계승 고리를 만들었다. 즉 '남북국시대'로 나뉘면서 '남방사'는 신라의 반도통일에서 후삼국으로 또 후삼국이 고려로 통일되고 고려는 조선왕조를 거쳐 일제 강점기를 지나 남북한이 갈라진 채 지금에 이르고 있다. 이에 반해 '북방사'는 고구려 유민들이 발해를 건국하고 이 발해 유민들이 부흥운동기를 전개한 것이다. 이 과정에서 고구려 유민들은 통일신라로 발해 유민은 고려로 내려오고 조선시대와 일제 강점기에 만주로 건너가면서 지금의 조선족을 형성하는 이른바 남북국사가 동시에 연결되는 흐름으로 이어졌으며 상호간 인적 물적 교류와 특히 이주와 포용의 관계 속에서 단절 없이 면면이 지속되고 있음을 강조했다.

　더욱이 여기에 발해 유민들은 생여진이라는 이름으로 우리의 북방민족사를 이어 갔던 고리로서의 역할을 하고 있다.

　필자는 문득 계단인 또는 여진인으로 불리며 북쪽의 오랑캐로만 불렸던 이들을 두고 조선족을 떠올렸다. 지금의 '조선족'은 일제 강점기 핍박과 배고픔을 피해 만주로 넘어가면서 그곳에서 농사를 짓고 살아가다 광복과 전란의 와중에서도 농토를 지키면서 그 자리를 이어 온 사람들이다. 그러나 북한과 중국이라는 국경선이 버젓이 두만강을 경계로 넘을 수 없는 선이 되고 그 세월이 수십 년을 넘기면서 민족의식조차 희박해지고 있는 것 또한 현실이다. 또 이러한 세월이 더 흘러가면 '조선족'은 '여진인'처럼 오랑캐로 불릴 정도로 이민족 취급을 받지 말라는 법은 없을 것이다.

　필자는 개울물과도 같은 두만강 상류 지역을 취재하다 한 마을을 다시는 오갈 수 없는 거대한 장벽 공사를 하는 현장을 목격할 수 있었다. 탈북자들이 계속 늘어나면서 아예 중국 정부가 성벽처럼 높다란 담을 쌓아 왕래를 원천적으로 끊어 버린 것이다. 북한이 굶주림에서 비교적 자유로웠던 6,70년대 이 마을은 아랫동네 윗동네처럼 한 마을이었지만 이후 왕래는 단절됐다.

장백산에 가린 백두산

"그건 장백산이야 백두산이 아니고…,
여기는 중국 땅이기 때문에 무조건 장백산이라고 부르라……"

　2006년 6월 초 필자는 '발해의 멸망과 백두산 화산 폭발과의 관계'를 추적하는 다큐멘터리 제작을 위해 부산대 윤성효 교수와 함께 중국 연길로 입국했다. 연길 공항에는 이미 중국 베이징에서 온 학자도 마중을 나와 있었다. 한국과 중국에서 백두산을 연구해 온 가장 저명한 학자 두 사람과 함께 지금까지 논란이 되어 왔던 백두산 천년 분화를 추적하기 위해서였다. 당시 백두산의 모습을 가장 아름답게 촬영하기 위해 고화질 카메라도 함께 들여왔다. 촬영은 순조로웠다.

　백두산으로 가는 도중 취재진은 하천 곳곳에서 백두산 화산 폭발 과정에서 백두산에서 쏟아져 나온 라하르 즉 화산 홍수 흔적을 곳곳에서 볼 수 있었다. 심지어 100km 이상 되는 곳에서도 라하르는 두꺼운 모습으로 쌓여 있었다. 백두산 화산 폭발의 위력을 백두산에 도

236

● 백두산 천지에서 1,000년 전 화산 폭발 때 분출되어 나온 부석을 들고 설명하는 윤성효 교수. 윤 교수는 국내에서는 드물게 오랜 시간을 백두산 화산 연구에 몰두해 왔다. 필자의 〈발해, 백두산에 묻힌 멸망의 진실〉편도 화산에 대한 윤 교수의 뛰어난 전문성과 학문의 분야를 넘나드는 해박한 자문으로 만들어졌다.

착하기 한참 전에 이미 확인한 셈이었다. 그 전까지 백두산을 세 차례 오른 경험이 있는 필자였지만 화산 전문가들과의 동행은 특별할 수밖에 없었다. 백두산 주변 곳곳이 화산의 흔적들이었으며 지역 자체가 화산이 없으면 아무것도 아니었다. 백두산 등반을 전문적으로 가이드하는 현지 안내원도 동행하였고 필요한 지점을 일정 내에 무사히 촬영하기만 하면 됐다.

　그러나 촬영 3일째, 전혀 예기치 못한 곳에서 문제가 불거졌다. 천지 주변의 안내를 받으며 촬영하던 촬영팀에게 연길 공안당국에서 급하게 호출이 떨어진 것이다. 가이드를 통해 촬영을 중단하고 급히 연길 공안국으로 오라는 일종의 소환 명령이었다. 촬영비자 없이 방송카메라를 반입한 것이 불법이라는 것이었다. 이를 빌미 삼아 공안당국은 필자의 노트북을 강제로 열고는 안에 보관돼 있던 모든 자료를 뽑아 분석했다. 수사관들은 기어이 백두산 화산 폭발과 발해와의 관계를 추적한다는 다큐멘터리 기획서가 담긴 파일을 들춰내며 이것이 '동북공정'을 위해하는 것이라고 결론을 내렸다.

　일주일에 걸친 반강제 억류와 조사를 마친 촬영팀은 결국 강제 출국을 당해야 했으며 이 과정에서 필자는 5년간 입국 금지를 통보받

● 중국에서 본 북한 무산.

앞으로 보이는 강이 두만강이다. 그 뒤로 무산시가 보이고 멀리 보이는 산은 국내 최대의 노천
철광산인 무산탄광이다. 백두산에서 분화한 화산 홍수는 지금의 두만강을 깊은 계곡으로 만들
었다. 그리고 지금의 무산시는 당시 거대한 화산 홍수로 만들어진 곳에 세워졌다.

았다. 죄명은 '국가위해죄'였다. 조사과정에서 동행했던 한국과 중국학자들이 동북공정이라는 정치적 색채와는 전혀 관련 없는 순수한 다큐멘터리 제작을 위한 촬영이라고 항변했지만 한 건 잡았다는 듯이 달려드는 수사의 방향을 돌릴 수가 없었다. 소위 전후 과정에 대한 설명이나 해명이 전혀 먹혀들지 않은 것이다. 이해하기 힘든 억류와 강제 출국 조치였지만 남의 나라 땅이라 달리 어찌할 방법이 없었다. 이는 중국 정부가 '동북공정'에 대한 민감도를 그대로 보여주는 사례였다. 특히 한국인들이 지속적으로 그 부당성을 주장하는데 대해 일종의 경고 사례로 받아들여질 정도였다.

이후 소식통에 의하면 촬영팀을 곤경에 빠뜨렸던 그 수사팀은 중국 정부로부터 훈장까지 받았다고 한다. 조선족 수사관들이 진행했던 수사 과정에서 가장 많이 언쟁이 붙었던 부분은 아이러니하게도 '백두산'과 '장백산'이라는 용어 때문이었다. 필자가 '백두산'이라 부르자 "그건 장백산이야 백두산이 아니고..., 여기는 중국 땅이기 때문에 무조건 장백산이라고 부르라……." 며 조사가 아닌 호통(?)으로 일관했다. 수개월 뒤 필자는 행여 '출입 금지까지 시켜 놓았을까?' 라는 의구심과 꼭 백두산에서 촬영할 일이 남아 있어 다시 입국을 시도했지만 곧바로 공항에서 거부당했다. 백두산에 얽힌 환경의 역사를 추적하는 것이 철저히 '동북공정'이라는 정치적 해석으로 풀어 나가려는 중국의 행태가 어느 정도인지를 새삼 절감해야 했다.

두만강을 덮은 화산 홍수

필자는 이 와중에도 두만강이 발원하는 최상류를 시작으로 100km의 하류를 답사할 수 있는 기회를 가졌다. 화산 폭발로 불에 타 라하르에 쓸려 내려온 탄화목이 깊게 묻힌 곳 위로 뿌리를 내린 나무들이 바다를 이루고 있었다. 곳곳에서 부석을 캐내 파는 부석 채석장이 자리하고 이것을 실어 나르는 트럭들이 분주하게 오갔다. 크게 돈이 되지는 않지만 말 그대로 백두산 주변은 세계 최대의 '부석 광산'이다.

좁다랗게 나 있는 길 주변엔 라하르 홍수 자국이 둑처럼 길게 나 있다. 두만강의 모든 지역이 1,000년 전 백두산이 뿜어낸 분출물로 뒤덮여 있다. 김정일이 낚시를 했다던 낚시터도 부석 위에 있다. 그

● 두만강 유역에서 만나는 부석층. 수십m씩 쌓여 있는 부석 위로 땅의 두께가 너무 얇아 보인다. 그리고 그 위로 백두산 수목들이 뿌리를 내리고 뻗어 있다. 1,000년 전 떨어진 분출물은 결국 백두산의 식생을 먹여 살리는 거름이 되고 있다.

러나 이 지역은 더 이상 일반인들의 출입이 될 수 없는 곳이 됐다. 북한 탈북자들을 막는다며 주변에 간간히 있던 조선족 집들은 외곽으로 강제 이주된 뒤였다. 여기에다 두만강변으로 오순도순 몰려 있던 조선족 마을도 군부대가 대신 자리를 차지했다. 이주하지 않은 마을은 특별한 조치가 취해지고 있었다. 바로 탈북자를 막는다며 높이 10여m의 거대한 장벽이 들어선 것이다.

북한 무산 지역이 한눈에 내려다보이는 중국 화룡현 호골령 정상을 올랐다. 발아래 펼쳐져 보이는 무산은 샛강과도 같은 두만강 너머로 한반도 최대의 노천 철광산인 무산탄광이 병풍처럼 둘러싸고 있는 곳에 거대한 분지 형태의 땅이다. 무산 앞을 가로지르는 두만강은 한달음에 건널 수 있을 정도로 강폭은 좁지만 곳곳에 감시초소가 버티고 있다. 함께 동행한 전문가들은 백두산 화산 폭발 때 쏟아져 내린 화산 홍수가 지금의 두만강과 함께 무산 지형을 만들었다고 한다.

필자는 그곳에서 간도 문학, 즉 한국 문학도 북한 문학도 아닌 중국 내 조선족 문학을 완성시킨 시인 리욱의 시비를 만났다. 1907년 러시아 블라디보스톡 고려촌에서 출생한 뒤 간도 문학을 집대성했던 시인이 처음으로 조선 땅을 가기 위해 두만강을 건너기 전 무산

● '리욱'의 시비 〈할아버지의 마음〉. 무산이 한눈에 내려다보이는 곳에서 시인 리욱은 태어나 처음으로 조선 땅을 바라보면서 감격에 겨워 이 시를 적었다고 한다. 필자는 이 시를 보면서 스피노자의 사과나무처럼 '삶은 누군가에게로 계승되어져야 하며 그 이어진 삶이 모여 역사'라는 생각에 잠깐 잠겼다. 그리고 두만강 역사의 한 페이지에는 백두산이 있다.

땅을 바라보고 지었다는 시가 적혀 있다. 시비에는 이런 시가 적혀
있었다.

'할아버지의 마음'

칠순
할아버지
나무를 심으며 어린 손자를 보고
싱그레 웃는
그 마음
그 마음

● 천지를 배경으로 인터뷰 중인 중국 국가지진국 웨이 하인첸 박사. 중국 최고의 화산 전문가인 웨이 박사의 현장 조사와 연구로 백두산 천년분화의 많은 증거들을 눈으로 직접 보며 확인할 수 있었다. 천지는 6월인데도 얼음이 녹지 않고 있다.

● 러시아 캄차카의 아이친스키 화산(해발 3,631m)을 촬영 중인 카메라. 화산이 너무 높아 구름이 걸려 있는 모습이 보인다.

● 인도네시아 프람바난 상공 위를 날고 있는 헬기. 필자는 인도네시아 메라피 화산과 그 문명에 관한 촬영을 위해 헬기를 물색하던 도중 인도네시아 공군사관학교 교장의 헬기를 임대했다.

● 발해 부흥운동 장군 재연 장면 촬영 중. 섭외된 몽골군은 자신들의 계급에 따라 역할이 달라졌다. 사진에서 보는 장군은 현직 몽골군 영관급에 해당하는 군인이다. 발해부흥운동을 지휘하고 호령하는 장수의 자세를 주문을 받고 촬영 중이다.

● 몽골 대초원에서 벌어지고 있는 전투. 칭기즈칸 탄생 800주년을 맞아 진행된 행사를 통해 기마부대 500명을 섭외해 촬영을 진행했다. 몽고군의 복장과 무기 등은 칭기즈칸 시대의 것을 그대로 복원한 것이다.

● 메라피 화산 등정을 도운 현지 셰르파들. 이때가 라마단 기간이어서 이들은 5~6시간의 화산재가 날리는 산행 도중 물 한 모금 마시지 않아 필자를 놀라게 했다.

● 화산을 촬영하기 위해서는 이러한 빙하지대를 걸어서 가야 한다. 이 빙하는 화산
이 분출하면 뜨거운 열기로 갑자기 녹으면서 화산재와 함께 화산 홍수로 돌변한다.

● 취재진의 촬영을 도운 36인승 헬기. 워낙 무거워 높은 고
도에서 안정감 있게 촬영하기에는 최상이지만 기름을 너무
많이 먹는 큰 단점이 있다.

● 고도 3,000m 상공에서 헬기의 문을 열고 촬영을 하자면
이처럼 중무장을 하지 않으면 손이며 얼굴이 추위에 얼어
버린다. 사진은 촬영에 집중하고 있는 하성창 카메라 감독.

● 한국항공우주연구원 위성 수신실. 이곳에서 백두산 천지를 정밀 촬영하는데 성공했다. 필자는 그동안 백두산 위성사진을 NASA 등 외국 자료에 의존하다 처음으로 이 사진을 프로그램에 활용했다.

● 일본 오가 반도에 백두산 화산재를 조사하고 있는 윤성효 교수. 동해바다에서 융기한 오가 반도 퇴적층은 백두산 화산재들을 시루떡처럼 층층이 보관하고 있다.

● 도쿄 사가미하라 박물관 암석 저장고. 이곳 창고는 모두 동경도립대 마치다 히로시 교수가 기증한 백두산 화산 암석들이 보관되어 있다. 마치다 교수는 "이 많은 시료들을 어떻게 수집했는가?" 라는 필자의 질문에 "자신의 연구 성과와 그 과정에서 확보한 자료들을 바탕으로 앞으로 백두산 화산 분화에 대한 더 나은 연구가 이뤄지길 기대한다" 라고 밝혔다.

박찬교, 『백두산: 그 형성과 역사, 자연, 생태계』, 한겨레신문사, 1993

H. H. 램, 김종규 옮김, 『기후와 역사』, 한울아카데미, 2004

한규철, 『발해의 대외관계사』, 신서원, 1995

구난희 외, 『새롭게 본 발해사』, 고구려연구재단, 2005

김은국, 「발해멸망에 관한 재검토-거란 침공과 그 대응을 중심으로」, 〈백산학회〉 제40호, 1992

서병국, 『발해제국사』, 서해문집, 2005

Donald Hyndman 외, 이동우 외 옮김, 『자연재해와 재난(GEO 시리즈3)』, 시그마프레스, 2006

유득공, 정진헌 옮김, 『발해고』, 서해문집, 2006

동북아시아연구센터 총서 제16호, 「중국동북부백두산의 10세기 거대화산 분출과 역사효과」, 일본 도호쿠대학 동북아연구센터, 2004

Ariswara, 〈프람바난〉, 인도네시아 PT Intermasa, 1997

Wickert Jurgen D., 〈보로부두르〉, 인도네시아 PT Intermasa, 1994

모집 라티프, 이혜경 옮김, 『기후의 역습』, 현암사, 2005

실베스트르 위에, 이창희 옮김, 『기후의 반란』, 궁리출판, 2002

이영화 외, 『영토 한국사』, 소나무, 2006

『중국역사기후변화』, 중국 산동과학기술출판사

유정아, 『한반도 30억 년의 비밀-3부 불의시대』, 푸른숲, 1999

T. Kanei 외, 『세계사연표, 지도』, 길천홍문관, 2007

『장백산 사화』, 중국 길림문사출판사

「지진방재조사보고서」, 일본 지진방제조사회 제86호

김연옥, 『한국의 기후와 문화』, 이화여자대학교출판부, 1989

류연산, 『발해 가는 길』, 아이필드, 2004

고구려연구회, 『발해건국 1300주년』, 학연문화사, 1999

신혁덕, 『몽골』, 휘슬러, 2005

Andrei Nechayev, *Kamchatka*, Logata Press, 2003

A. Ladyguin 외, *The world of wild nature: KAMCHATKA*, Knigalyub, 2004

〈백두산 화산〉

WEI Hai-Quan 외, "Progersses in geology and hazards analysis of Tianchi Volcano", *NE Asia 7*, J. Geosci. Res, 2004

H. Wei 외, "Three active volcanoes in China and their hazards", *Journal of Asian Earth Sciences No. 21*, 515-526쪽, 2003

S. Horn, U. Schmincke, "Volatile emission during the eruption of Baitoushan Volcano ca. 969 AD", *Bulletin of Volcanology VOL.61*, 2000

김성부, 「수중 폭발음의 에너지 스펙트럼」, 〈한국음향학회지〉 제9권 제3호 별쇄, 1990

김정부 외, 「부유성 유공충의 분석을 통한 제4기 후기 동해의 고해양 변화」, 한국고생물학회, 2005

Yu Wang 외, "Late Pliocene-Recent Tectonic Setting for the Tianchi Volcanic Zone, Changbai Mountains, Northeast China", *Journal of Asian Earth Sciences Vol.21*, 1150-1170쪽, 2003

Wei, H. 외, "Potential hazards of eruptions around the Tianchi caldera lake, China", *ACTA Geologica sinica VOL.78*, 790-794쪽, 2004

Wei, H. 외, "The recent erupted materials from Tianchi volcano, Changbaishan", 1998

H. Wei 외, "Chiese myths and legends for Tianchi volcano eruptions", *Northeast Asia studies VOL.6*, 191-200쪽, Tohoku University Press, 2002

좌용주 외, 「백두산의 화산분출 연대에 대한 연구: 1. 목탄과 나무 시료에 대한 방사성 연대」〈지질학회지〉 제39권 제3호, 347-357쪽, 2003

추교승·박창업, 「백두산의 역사시대 화산활동」, 한국지질학회, 2006

리돈·김신균, 「백두산천지 외륜산의 지질과 화산작용」, 〈지질과학(북한)〉 제1호, 14-22쪽, 1992

「조선지진목록」, 북한 지진연구소, 1987

윤성효 외, 「백두산 천지 칼데라 화산의 역사분출 기록」, 〈한국지구과학회지〉 VOL.17, 376-248쪽, 1996

윤성효·소원주, 「백두산 화산의 홀로세 대분화 연구」, 〈한국지구과학회지〉 VOL.20, 534-543쪽, 1999

Ken Ikehara, "Late Quaternary Seasonal Sea-Ice History of the Northeastern Japan Sea", *Journal of Oceanography VOL.59*, 585-593쪽, Springer Publishing, 2003

Masatoshi Shiba·Syaka Iwashita, "Chemical compositions of volcanic glass shards fo Baitoushan-Tomakomai tephra in Aomori Prefecture" *Shirakami kenkyu No.2*, 65-71쪽, 2005

천종화 외, 「동해 시추코아에서 발견된 후기 플라이스토세 백두산 기원 B-J 테프라의 표식테프라로서의 층서적 의미」, 〈지질학회지〉 제42권 제1호, 31-42쪽, 2006

소원주·김우철, 「동해를 건너간 백두산 화산재에 관한 연구」, 〈제42회 전국과학전람회〉, 1999

유충걸, 「백두산 화산활동이 량강도 자연지리 요소에 준 영향」, 〈북한학보 제27집〉, 2002

문우일 외, "Multi temporal JERS-1 SAR investigation of Mt. Baekdu stratovolcano using differential interferometry", *Geosciences Jorrnal VOL.5(4)*, 301-312쪽, 2001

〈발해사〉

한규철,「신라와 발해의 교섭과 대립」,〈내일을 여는 역사〉제4호, 94-104
    쪽, 내일을여는역사, 2001

최재석,『통일신라, 발해와 일본과의 관계』, 일지사, 1993

서길수,「러시아 연해주 발해유적을 찾아서」,〈고구려연구〉제11권, 481-
    514쪽, 고구려연구회, 2001

한규철,「발해의 영역에서 본 고구려 계승성」,〈고구려연구회 동계학술대
    회〉, 고구려연구회, 2005

방학봉,「발해 상경용천부에 대한 몇가지 문제」,〈선사와 고대〉제2권 147-
    164쪽, 한국고대학회, 1992

양태진,「발해왕국의 유적발굴 현황과 역사적 의의」,〈북한연구소회보〉제
    281호, 196-205쪽, 북한연구소, 1995

송기호,「발해의 이미지, 발해의 꿈」,〈계간 시안〉제2호, 14-26쪽, 시안사,
    1998

서영교,「고구려벽화에 보이는 고구려의 전술과 무기」,〈고구려연구〉제17
    권, 347-368쪽, 고구려연구회, 2004

김은국 외,「발해멸망의 원인」,〈고구려연구〉제6권, 119-135쪽, 고구려연
    구회, 1998

〈역사〉

김종서, 민족문화추진회 역,『고려사절요』, 신서원, 2004

김부식, 편집부 역,『삼국사기-한국고전총서 2』, 대제각, 1987,

일연,『삼국유사』일송문고본, 고려대학교 중앙도서관

정도전 외,『고려사, 권2』, 63~66쪽

『조선왕조실록』

『태종대왕실록(12년)』

『선조대왕실록(30년)』

『현종대왕실록(9년)』

『숙종대왕실록(28년)』

유영대, 〈동북아시아 신화와 백두산〉

유영대, 〈백두산 설화연구〉

서영교 , 「고구려의 수렵습속과 유목민」, 〈고구려연구〉 제21집, 305-335쪽, 고구려연구회, 2005

〈화산〉

Peter J. Baxter, "Medical effects of volcanic eruptions", *Bulletin of Volcanology VOL.52*, 532-544쪽, Springer Berlin Publishing, 1990

H. Machida, "Volcanoes and Tephras in the Japan Area", *Global Environmental Research Vol.6 No.2*, 19-28쪽, 2002

H. Machida, "Impact of Tephra Forming Eruptions on Human Beings and the Environmental", *Global Environmental Research Vol.6 No.2*, 61-68쪽, 2002

David Viner & Phil Jones, "Volcanoes and their effect on Climate", Climatic Reseach Unit, 2000

〈기후변화〉

천종화 · 정대교, 「몽골 홉스골 호수 남쪽에서 채취된 제4기 후기 퇴적물의 고기후학적 의미」, 〈지질학회지〉 제41권 제4호, 511-522쪽, 대한지질학회, 2005

정대교, 〈몽골 홉스골 호수시추 퇴적물을 이용한 동북아 지구환경 분석기술 개발을 위한 국제 공동연구〉

R. Danoah 외 8명, "Around the world in 17 days-hemispheric-scale transport of forest fire smoke from Russin in May 2003", *Atmos. Chem, Phys, 4*, 1311-1321쪽, 2004

하소영 외, 「겨울철 동아시아 상층제트류와 열대 대류운동과의 상호관련성」, 〈한국기상학회지〉 VOL. 33 No. 2, 1996

오성남 외, 「Aircarft Measurements of Long-Range Trans-Boundary Air Pollutants over West Korean Sea」, 기상청 지구환경연구센터, 2006

이태진, 「소빙기 천변재이 연구와 조선왕조실록」, 〈역사학보〉 제149호, 203-236쪽, 1996

Tony Michell, 「조선시대의 인구변동과 경제사」, 〈부산사학〉 VOL. 17, 75-107쪽, 부산사학회, 1989

강철성, 「남한의 동, 하계 인체보온지수 분포의 특성」, 〈지리, 환경교육〉 제6권, 87-100쪽, 한국지리, 환경교육 학회, 1998

〈기타〉

EBS 다큐멘터리 〈발해〉

윤성효 외, 「백두산 화산재 일본을 뒤덮어」, 〈과학동아〉 2004년 8월호 특집中, 동아사이언스, 2004

백두산, 그 웅장함 속의 위험(1)-백두산 대폭발 (블로그)

백두산, 그 웅장함 속의 위험(2)-금세기 대재앙 (블로그)

백두산에 묻힌 발해를 찾아서

초판 1쇄 발행 2008년 3월 25일
    2쇄 발행 2010년 7월 12일

지은이 진재운
펴낸이 강수걸
펴낸곳 산지니
등록 2005년 2월 7일 제14-49호
주소 부산광역시 연제구 거제1동 1493-2 효정빌딩 601호
전화 051-504-7070 | **팩스** 051-507-7543
sanzini@sanzinibook.com
www.sanzinibook.com

ISBN 978-89-92235-35-8 03900

값 15,000원

* 이 도서의 국립중앙도서관 출판시도서목록(CIP)은
  e-CIP 홈페이지(http://www.nl.go.kr/cip.php)에서
  이용하실 수 있습니다.(CIP 제어번호 : CIP 2008000883)